张元卿 编

城事百年

旧时明月照秦淮

苏州新闻出版集团

古吴轩出版社

图书在版编目（CIP）数据

旧时明月照秦淮 / 张元卿编. -- 苏州 : 古吴轩出版社, 2024.7

（城事百年 / 李继锋主编）

ISBN 978-7-5546-2095-3

Ⅰ . ①旧… Ⅱ . ①张… Ⅲ . ①城市史—南京 Ⅳ . ①K295.31

中国国家版本馆CIP数据核字(2024)第041457号

责任编辑：鲁林林

见习编辑：刘雨馨

装帧设计：鹏飞艺术

责任校对：戴玉婷

书　　名：旧时明月照秦淮

编　　者：张元卿

出版发行：苏州新闻出版集团

　　　　　古吴轩出版社

　　　　　地址：苏州市八达街118号苏州新闻大厦30F

　　　　　电话：0512-65233679　　　邮编：215123

出 版 人：王乐飞

印　　刷：三河市中晟雅豪印务有限公司

开　　本：889 mm×1270 mm　　1/16

印　　张：22.5

字　　数：235千字

版　　次：2024年7月第1版

印　　次：2024年7月第1次印刷

书　　号：ISBN 978-7-5546-2095-3

定　　价：42.80元

如有印装质量问题，请与印刷厂联系。0316-3225515

　　"城事百年"丛书，讲述老城市们的老、旧和曾经的年青、曾经的新、曾经的风姿绰约，以及新老交替间的悲欢离合、人文变迁、社会变革。

　　历史是活着的记忆。

　　感谢百年前一批又一批知名或不知名的作家、学者、记者、居民、游客等，正是他们的遇见、感动，才给今天的我们留下宝贵的文化遗存和历史的五味杂陈。

　　因为他们的讲述，老城市们复活了，繁华的街道、逝去的风景回来了，我们的感怀饱满了。

前　言

张元卿

　　本书是关于南京的一部散文选，所选文章都作于民国年间，故亦可称为"民国人笔下的南京"。之所以说是"民国人笔下的南京"，而不是"民国文人笔下的南京"，是因我选的文章不都是文人所写。这是基于这样一个理念：南京是南京本地人的南京，也是临时寄居者和匆匆过客的南京；南京是文人的南京，也是非文人的南京；写南京的好文章不都是本地人所写，也不都是文人所写。本着这样的理念，只要言之有物，哪怕只有一点史料价值，只要有益于我们了解那时的南京，我都尽量斟酌选用，而且作者身份也尽量涵盖本地人、寄居者和过客，当然也包括文人和非文人。这样做，是希望综合不同作者的"讲述"，尽量接近或"看清"昔日南京的真实面容。

　　说到"尽量斟酌选用"，首先是篇幅有限，不能把我认为的好文章一概选入。其实，即便没有篇幅限制，也不能无限地容纳一切好文，因为任何文选都只是用"选"来表达编者对各种历史"讲述"的认知，选文的数量首先是依能否恰当支撑编者意图而决定，而编者意图又依托书的结构而展开，故选文数量也是依结构而定，不追求整齐划一，只求意到即止。就本书而言，是通过综合前人的"讲述"来表达我对南京的认知，是按照我的认知给读者提供一个了解南京的"网页"，希望读者能按照我设置的内容板块和链接，逐步进入民国南京的具体情境。我对南京的认知是"层累地造成的"，因此我知道了解一个景物、一个民俗，最好能从不同的角度来接近它，通过不同的"讲述"来感知它，这样就需要把阅读文献的累积过程转化为分层阅读的路径，而要完成这样的转化，就需要"斟酌"。斟酌的结果，首先显示在目录上，下面就对目录做个简要说明。

本书共分八个部分，内容略有交叉，但基本是独立的。第一部分写风景名胜，先总体，再城内，最后城外。第二、三部分写风俗饮食和市井生活。第四部分是书业书话。第五部分写学校，有小学、大学，中学没有合适的文章，只好留白。第六部分是社会调查，涉及洋行、河道、监狱、寺院、旅馆、难民，是想尽量展示不大为文人关注的南京侧影。第七部分是和南京保卫战相关的两篇文章，一篇是难民区日记，另一篇是脱险记录。南京保卫战和南京大屠杀是南京历史上不可回避的一页，不选这方面的文章，民国南京就容易被简单解读为"桨声灯影"，而"桨声灯影"之外的血泪是不应忘记的。第八部分是对南京的整体印象或随感，选录的文章，有说好有说不好。任何一地都有好与不好，说好的易选，说不好的难挑，亦颇费"斟酌"。然而，"斟酌"又不尽在此处。

为了实践从不同角度、不同"讲述"接近一个对象的理念，有的内容选录了几篇文章。如玄武湖，选了两篇文章，就是想让读者从不同角度、不同"讲述"来看"风景"，也由此显示"风景"之变化。又如栖霞山，选了两篇，其中一篇是学生所写，一篇是成人所写，而我意在凸显学生视角，让读者在学生视角和成人视角之间自然转化，借以丰富观感。这种选择和安排都是"斟酌"的结果。如果说本书的整体层次设计是由风景名胜到市井生活，由物到人，那局部的层次设计就是通过某一对象的多篇选文在平面中拉出历史的景深，也就是说在整体的散点透视中又有局部聚焦。

任何选本都难尽善尽美，我这本也一样。因同类选本已有一些，朱自清、俞平伯、黄裳等名家名作常被选录，为避免重复，同时又给读者提供新的阅读体验，这些名文即便契合我的用意，亦概不收录。同时，我也没有遗珠之憾，因这些名文早已成为阅读本书的读者的前文本，他们是怀"珠"而来。而书海亦必有以前选家和我都没有探得的"珠"，这就要待来者去发掘了。

本书选文大致能支撑我的理念，但就我个人的阅读趣味而言，并不是全都喜欢。简言之，我喜欢土著贤达细谈掌故风情之邃密，也欣赏旅人骚客抒发走马观花之畅达。因此，若不顾及尽量全面反映南京旧貌，我最乐意读的是黄濬、卢冀野、储安平、吴乃礼、杨权等人的文章。因此，本书又是兼顾历史样貌和个人趣味的选本。

本书选录的文章，近一半是七十多年来第一次"露面"，相信能给读者面貌一新的感觉。此外，也有曾收入其他选本的文章，本书收录时皆尊重初版文字。因编选的是民国文章，在版本上尽量都选择初版本，《豁蒙楼暮色》曾收入多种选本，但都有一个问题，即擅自删改，使原文韵味受到损伤，本书则尽量恢复其原貌。

黄裳的《"美人肝"》写得不坏，但对马祥兴的描述并不精彩，因他没看到沦陷时的马祥兴。本书没选《"美人肝"》，但有文章提到马祥兴，因此觉得还是应对这家老字号再补充点内容，书编好后再读未予收录的柳雨生《秣陵十日》，发现他写的正是沦陷时期的马祥兴，可与黄裳的文章对读，且抄录两段：

> 这间馆子的名字叫作马祥兴，很著名，大约我不必再通知你它在中华门外的地点，你到了南京也会知道的。这间饭馆的房屋并不高明，一律是普通的平房，后边还有一个小小的庭院，颇富于乡村风味，虽然它的前部的房子是靠马路的。但是，到马祥兴来的吃客们，依旧是十分拥挤，络绎不绝。他们也从来不注意它的房子、桌椅、杯箸，而只是注意它的美味的菜肴。
>
> 最著名的一个菜是"美人肝"。其实就是烩鸭肝，但是，马祥兴的厨子的本领的确不同凡响，能够把它烩得又香又嫩，远非他处的庖丁所能望其项背。其他的菜，像炒羊肚丝、凤尾虾、焖牛肉……也都极适口好吃。我头一次

到这家饭馆去吃饭的时候，是和七八个朋友一起去的，其中偶然有一位朋友提议去吃马祥兴，立刻有四五位赞成，我当然也没有法子推却。谁知，这真可以算是到这里来的一种口福了。马祥兴的焖牛肉固然是十分可口，调味得既不过咸，又不过淡，并且焖得极熟极烂，配合的香料的味道又很辈厚，一大碗浓浓的汁子，热气腾腾的，里面几大块半肥半瘦的肉，真可以令人"垂涎欲滴"。至于凤尾虾呢，它不过是普通的炒虾仁，可是，每个虾仁的尾部都是连着一点壳的，决不会完全脱离，除非你把那鲜嫩滑口的虾仁嚼上一嚼，虾仁很轻松地滑进你的嘴里，那半截虾壳也自然而然地脱落，一点不用费你的气力。也许是我孤陋寡闻吧，这样的热炒，不但可以说是好，简直可以算是"近乎道矣"，岂止"神乎技"而已哉！

我不好美食，念念不忘的是老家的小米稀饭和焖面。对于南京，我是外地人，对吃过的马祥兴只有记忆，此处为马祥兴多说几句话，不只是为褪色的历史修版，为读者沉浸本书制造点氛围，做个引子，也是对正文中相关"讲述"的补充。

收入本书的《金陵梦屑》，说"城南多深巷，巷内多深屋。冬日访友……用矮脚炭盆，燃炭取暖。隔盆相对，笑谈无忌，辄不觉夜之渐深也"。我没有城南的朋友，即便有，大概也难再"隔盆相对"。

我常是坐地铁二号线从城外赶往城里上班，地铁有一段在地上，坐着无聊看窗外，在马群站附近总能望见紫金山的云树，以前进出南京的那些人，不论是本地人还是外地人，看到这云树，也许都会感慨物是人非，无恙是钟山，随想至此，竟不觉夜之渐深也。

二〇一九年一月十四日于南京寓所

目 录

第一编

寂寂湖山

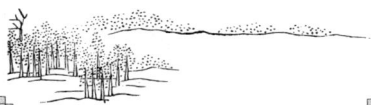

马元烈：
兵燹之后，前代余韵衰谢殆尽

马元烈（生卒年不详），原名用中，字香荪，河北安次人。毕业于天津市立师范学校。曾在李纯部下效力，历任陆军第六镇司书、江西督军公署秘书、江苏督军公署秘书等职。晚居北平。著有《息庐游乘未定稿》《逃禄闲讴》。1917 年 7 月末马元烈先至南京，为李纯接管江苏做准备，《南都揽胜记》是此行游览南京的记录。

金陵古为帝王都，今为东南镇，襟江带淮，盘龙踞虎，形胜为江左冠。予甲寅丙辰三度道此，行色匆匆，未获遂临观之快。今以襄戎幕来驻此邦，卜居既定，驾言出游，虽值庚伏，竟忘暑热，十日之期，名胜涉足几遍。就所闻见者笔之，自知僿陋不文，难为江山生色，不过略志所历，邮致故园，代旅行家报云尔。民国纪元第六年岁在丁巳立秋节香荪氏马元烈自识。

一、秦　淮

秦淮为古佳丽地，风流韵事，千古艳称，盈盈此水，遂为游金陵者第一注目之地。故予亦于到宁之翌日（六年七月二十七日，即丁巳六月初九日），首先往游，按《舆地志》《丹阳记》诸书，谓秦始皇帝用望气者言，凿方山，断长垄，导淮入江，以泄王气，是即秦淮滥觞。考其源凡二，西源出溧水东庐山，东源出句容茅山，至方山乃合流。至宁之通济门，复析为二，其一循城为濠，折而南，经聚宝门，而西而北，至水西门外觅渡桥以南，仍与城内之淮水会；其一由通济门西之东水关入城，杨吴城壕合珍珠河、青溪支流、明御河诸水，由竺桥、复成桥经大中桥北来会。又西至淮青桥，青溪之水自内桥、四象桥迤逦来会，从此斜向西南流，经利涉桥、文德桥、武定桥，至镇淮桥，即宁人所谓南门桥也，适当聚宝门之内。由此乃折向西北，经新桥、上浮桥，运渎之水乃东自内桥引青溪过鸽子桥等，西自铁窗棂引外濠水过文津桥等，合于竺桥，经红土桥、陡门桥自北来会。从此仍向西北流，经下浮桥，出西水关，与城濠之淮水合流。过觅渡桥等，沿石城旧址，至仪凤门外，复经下关之惠民桥等，以达于江。以所经流之形势观之，环于城之南部，适成一凸形，而往昔之旧院，与今日之妓寮，及游艇之所可经行，河房之稍称致雅者，则咸在此凸字左偏一曲之两岸（即武定、复成两桥之间）。故秦淮虽艳著人寰，而究其际之足游观者，不过只此而已。

凡游河之乐，其乐在得扁舟轻泛，容与自如。而秦淮则河床颇浅，稍大之舟，遇水浅既胶滞难行，水涨又碍于桥孔，低不能过，河面复狭，窄处才三五丈，最宽之处，亦不及二十丈。故往来之舟略多，即每相互隔阻，欲求自由畅达，尚病不能，更无论放乎中流之乐矣。游艇以限于势，故大者绝鲜。其棚仿画舫式作长方形，顶之表则多以铅皮制之。中舱布置略如室，有木榻，居正中，榻之前置桌，围以椅，旁则分列茶几机凳之属。中舱之前，棚轩起作廊式，下置藤制卧椅，踞地较高，且近船首，故游人以此为最舒适，有披襟当风之快。唯艇之设置多欠致雅，虽亦髹漆灿烂，而绿绿红红，总未能脱俗。间有骚人墨客为之署额题联，亦复语隽意永，顾榜人无学，仍使杂列于印刷之月历牌、广告画间，遂令玉石夹陈，雅意尽泯。而游客之中，饶清兴者又绝无仅有，不以为征歌之场，即假作马吊之局，丝肉交鸣，竹木竞响，当局者虽不自觉乱耳劳形，然而耽静寂者已病其闻噪矣。盖当数次兵燹之后，前代之流风余韵，已衰谢殆尽，欲再求往日之诗文雅集，实缈乎不可复按。不特余澹心板桥前记美以为仙都乐国者，今已难望万一，即珠泉居士后记所谓放船落日，双桨平分，扑鼻风荷，沁心雪藕，清歌一曲，彼美盈盈，缥缈欲仙，尘襟胥涤，若斯清趣，今亦不能一得。往居士作后记时，以览前记，美人黄土，名士青山，至致其慨叹。不知今日游人对彼后记，正复感倍畴昔。王右军曰："后之视今，亦犹今之视昔。"吾至原有声宇内之秦淮，从兹日复其胜，使日后游客之见吾文者，不至若吾今日之发无穷之喟也。

二、夫子庙

按宁人所谓夫子庙，非指庙也，实指庙之前若左右也。吾记本为纪实，故标目因之。

夫子庙号称为宁垣游戏杂技荟萃之地，在历史上虽不能与莫愁、雨花诸胜争一席地（旧传金陵四十八景中，无夫子庙之名），而在今

夫子庙泮池　摄于 1925 年前

日，则为游乐之中心。宁之人，人人知之，人人趋之。旅宁及游宁之人，亦莫不人人知之，人人趋之。居宁者以夫子庙导初来之客，去宁者以夫子庙诏未来之人。人人既以"夫子庙"三字为言，于是夫子庙遂俨然为南京今日唯一无二之胜地。吾震于夫子庙之名久，今幸有游之之机，乃于游秦淮之便，一瞻此夫子庙。

吾始闻夫子庙之名，以为此夫子庙者，必若天津之天花宫、南昌之万寿宫，以庙为商场，权作游人嬉游聚乐之地耳。今至其地，乃知不然。盖夫子庙之本身，实荒芜沦落，无人涉足其宇。凡人之所谓夫子庙者，实指庙之前若左右一带而言，与庙实无关系。虽然，名从主人，吾既为夫子庙而来，故先谒庙。

夫子庙南向，位秦淮右岸，以河故，门实作东南向，曰南向，取其便也。文德桥即在其前右方，或谓桥乃为补救庙之文风特建者也。庙正中，树巨坊，建以木，形颇巍峨，中题"天下文枢"四字，相传为金坛王澍书。坊后为棂星门，原系石质，今则左右砌以砖，只通三门，额作篆书，横勒于石，再进即戟门。以棂星门及坊前现植木栅，故不能通。

"天下文枢"大坊之右，为一六角两层之亭，颜曰"聚星"，亦作篆书，现一卜者居之。坊之左则有式相若而较小之坊一，中间横书"泮宫"二字，相传系朱文公手笔，两旁并附有明清鼎甲题名，盖示其人文之盛也。此两坊一亭，东西平列，再前为往来之路，路尽则秦淮北岸，以石栏界之。路之东西两端，各有木坊一，形愈小，左颜"德配天地"，右颜"道冠古今"，并残坏欲圮矣。

逾泮宫坊而北，有门南向，位棂星门之东，悬直额，题"儒学"二字。入门左偏，有东向之小门，额篆"持敬"二字。入而右折，即戟门，再进即大成殿，并两庑配殿。院内积草满径，荆欲没人，荒凉景况，令人触目兴感。缘省垣两丁释祭，均在朝天宫之文庙举行，此间无常人料理，故尔如此也。戟门内左右分置钟鼓各一，甬路旁并有鼎一。正殿闭不得入，只升堂略致敬仰之忱而已。

戟门前与持敬门相对，有西向同样便门一，额文亦同。出门略北折，西边有三祠，自南而北，曰土地祠，曰乡贤祠，曰名宦祠，门均扃。

返出东偏之持敬便门，亦折而北，与儒学大门相对有二门，悬木刻楹联，曰："修其天爵，教以人伦。"门之前后树碑五六，以行人多，就其地便溺，值兹暑日，臭气侵人，不能逼近。吾国对于此种公德，向不在意，今施之庄严圣地，尤觉丧尽人格。碑旁并揭有禁止之条告，而人竟视若无睹，出示者亦漫不加意，尤为怪象，众目昭然之地且然，无怪为外人讥笑也。

入此二门，右偏亦有与殿西同式之三祠。最南曰忠义孝悌祠，次曰明衡府纪善周公祠（按：周名德，字永修，靖难殉节，自经于尊经阁者也。），再北曰贤良祠，教育会住会办事者居之。祠之北为劝学所，折而西即大成殿之背。背迤北，编竹为篱，分植杨柳，中辟一门，额曰"江宁公学"，以在暑假，未入观。

返而出儒学大门，折向东，越"德配天地"坊，路南有六角高阁，峙于秦淮河畔，是曰奎光阁。今市人于其下拓屋为茶肆，人颇喧杂，故未入。阁凡三层，顶瓷质蓝色，作长圆形，宁人谓此系金陵一宝，朝夕均能发异彩。然遥观之，实不见其异，吾意瓷质曝露于日光风雨之中，表面釉彩，光涩定难一致，映以朝暾夕晖，幻为色彩，亦自其宜，遽哆以为宝，殆所谓天下本无事也。

由奎光阁西抵文德桥，中间河面较阔，有数巨舫东西排列，船唇抵石栏，面适与夫子庙相对，是曰茶舫，皆固定不移。余与友人择中间一名悦来者登之，其中布置，略如茶馆，唯不居屋而居舟耳。舫有雏鬟三五，坐小台上作清唱，京调为多，并有锣鼓胡索随之，高歌低唱，生旦净丑皆能。间有自挝鼓唱骂曹者，伐鼓渊渊，唱虽不佳，亦颇堪娱耳。唯其唱须茶客点之，否则各兀坐以待，与北方之落子馆，实大同而小异。每客点戏一支，例酬小洋两角，然亦有特与一元二元者，则非与唱者有若何之关系，即冀以是引起其注意者，固醉翁之意也。旁复有"宛中""得胜"诸舫，亦与此同。

傍河之石栏内，多破货摊，烂铜碎铁，杂陈地上，一无可取。唯有售雨花台石子者，浸以水，置瓷盂中，五色灿然，尚可人意。再北则有星相占卜之流，与售玩物、鬻草花者，分布于坊前路侧。凡兹所有，固不能令人兴观止之叹，而夫子庙之胜，已尽于斯，虽不欲止，亦无可观者矣。

三、贡　院

与夫子庙平列而位其东只隔一巷者，为贡院。在昔科举时代，江南人文之盛，甲于全国，而贡院则所由出也。自科举停，贡院亦随之废，今则垣颓宇败，已日就残圮矣。大门面秦淮，入之折而左，乃为正门，闭不得入，略守者从旁屋后门进。唯见号舍如蜂房，巷巷相接，每巷之口，横勒某字号，即按千字文所编定者也。每号舍，方不及丈，高才及顶。闻昔之就试者，三场须跧伏此中，凡九昼夜，寝食作文，均在于斯，乌得不令人之锐气销磨净尽，此昔日帝王所以诩以为天下英雄入吾彀中者也。折而由正路进，明远楼当其冲，楼三层，登其颠全院如在肘下，唯见号舍之顶，如鳞缕集。据闻此院系明永乐时创建，累代增修，共号舍两万六百四十六间，现在则曾文正、李文忠所重修也。再北尚有至公堂、衡鉴堂等，亦均颓坏，稍观即出。

贡院前有空场、滨河，为游戏杂技麋集之区。有变戏法者，有拉西洋镜者，有舞刀弄棒卖艺者，有杂集穿山甲、豪猪、大蛇之类，炫以为奇观者，并有支木为小台，粉墨登场唱汉调者。虽均无可取，而游人拥挤，较夫子庙前实为热闹，大有天津南开、北京天桥之景况，唯无其大与盛耳。

空场之南，秦淮河畔，亦泊茶舫一，是名复兴，一切与夫子庙前者同。唯以独当一面，较为静雅，唱妓之色艺，亦较优，故人多趋之。

贡院前之东西横街，西接夫子庙之"德配天地"坊，东则直达桃叶渡。街之两侧，售破货、玩物、旧书、刀剪者，分布左右，而卖卜相面之流羼其间，为数尤伙。每当午饭以后，游人即络绎不绝，然后始知宁人之所谓"夫子庙好玩"者（意谓适于嬉游也），不特非指夫子庙，直并贡院前一带而言之也。

四、桃叶渡

由贡院东行，至利涉桥之迤北，有巷西向，即桃叶渡口也。地当青溪入淮之口（即利涉、淮青两桥之间），巷中横小木坊，题墨书"古桃叶渡"四字，剥蚀几不能识。（按：《隋书·五行志》载王献之《桃叶辞》云："桃叶复桃叶，渡江不用楫。但渡无所苦，我自迎接汝。"）相传此地即子敬昔日迎妾桃叶渡江处，故有是名。本为南朝艳迹，今乃沦为水道，为一般赤足力夫挑取河水之所，污秽泥泞，几令人望而不敢即，若非立意寻求，即不能得其所在，盖为人忽视久矣。或谓今之利涉桥，是渡之旧址，以金云甫于此捐资建桥，以利行人（桥名利涉以此），故将渡口移北，即刻下建木坊所在也。

五、乌衣巷

乌衣巷为晋王谢故居，有声简册，与桃叶渡同为诗人喜赋之资料，故吾亦慕名寻访。地即在文德桥之南不甚远，除巷口有"古乌衣巷"四字之小牌外，他乃一无所有，遂废然返。

六、雨花台

雨花台在聚宝门外，俗名聚宝山，相传梁武帝时，有云光法师坐山巅说法，感天雨宝花，唐卢襄因名之曰雨花台。七月三十日（旧历六月十二），偕友往游，乘车往，出南门（即聚宝门），经长干里，至山之西北隅下车。拾级而登，有门西向，有小石额，镌“雨花台”三字。入门，路北有方公祠、卓公祠、节孝祠等，门均扃不得入。闻昔之木末亭，即在其次，今已废不可寻矣。再进，当其前者为第二泉茶社，门南向，入之，为屋数楹，中悬“第二泉”及“何必中冷”两小额。越屋即见泉眼二，平列于院内。即而望之，水去地面可三尺，掬饮之，味甘而柔。泉之东有小阁，据地较高，可以凭窗远眺，中悬许振祎集苏联曰：“独携天上小团月；来试人间第二泉。”旁复有何维朴隶书一联曰：“小窗多明，俯拾即是；众山倒影，乘空欲飞。”壁上留题狼藉，唯是“丈二诗人”之侪，一无可取。于此瀹茗稍息，乃复出，对面为永宁寺，故泉又名永宁泉。由此东行，路南为高座寺，在晋永嘉中原名甘露寺，西竺僧尸黎密来中国，为王导所敬，因号所居为高座寺，此其故址也。寺之东南方有岗隆起，炮台踞其巅。盖雨花台为金陵城南屏障，地势颇高，登其上即可俯瞰全城，为历来攻南京者之所必趋，近世如洪杨之役、光复之役，皆出全力争之，与钟山巅之天保城，同为宁城要害，故不得不设戍守也。予乃折而北由永宁泉之背陟岗，全岗尽为大小石子积成，颇滑足难行，见人之以锸掘择石子甚多，即艳称于世之雨花石子之所由出也。造巅北望，全城如在衽下，钟山矗于东，大江流其北，久为形胜之地，宜兵家所必争地。岗之阴有墓隆起，为明方正学先生瘗骨之所，趋下以礼谒之。墓西向，树短碣题曰“明方正学先生之墓”，为同治五年李合肥重修时所立。由此转向西南，逾岗，循原路归。

七、明故宫

金陵虽自古为帝王都，而历朝宫阙，除明故宫尚略有遗迹，余均荡然无存。宫在城之东南隅，朝阳门之西，洪武门（原为正阳门，以洪武门圮，遂以此当之）之北，太平门之南。太祖定鼎后，填燕雀湖（即太子湖，以玄武湖称后湖，故又名前湖）所筑之新宫也（旧吴王邸在今府东街旧王府），现宁人仍称之曰皇城，苟以明故宫之名而闻途于人，每瞠目不知所对也。吾于八月一日（旧六月十四日）于谒孝陵之便，顺道往游。乘车而往，由大行宫街而东，过天津桥，桥居竺桥、复成桥之间，其下即珍珠河、青溪支流诸水往汇于淮者也。过桥，当其冲者为西华门，城垣既已无存，城楼亦复圮废，今日所存，只一方形之台，下穴穹隆三门而已。入门除瓦砾载途，唯禾稼与蔓草杂植于内，箕子禾黍之歌，适可移以吊此。再进又有方形之门基，是为西长安门，两旁尚有参差兀立若断若续之砖灰土埂，则禁城故迹也。过此略斜向南，又有南向之门，亦只剩门基，门凡五洞，昔日之午门也。门内偏东有高墙矗立，据闻系昔日冷宫，专制之余威，犹令人见之兴感。门南直向洪武门，门北则五龙桥在焉，平列石桥五，尚未大残败，闻此系内五龙桥。尚有外五龙桥，则在午门之南，因非便道，故未往观。

内五龙桥之北，当故宫之址，有西式之楼房翼然独峙，是为古物保存所，民国二年之新建筑物也。闻当明成祖定都北京，悉移此间钜材北上，故宫阙当明之世，已多不完。以后复经太平及光复诸役，不特旧迹皆荒，并后建之三忠祠、血迹亭等，亦均荡然尽废。邦人士悯古迹之日销，遂于斯建屋保存古物，意原至善，唯形取西式，使廁居庞然旧筑之间，终嫌不类。吾国人做事往往不问所以，唯新是尚，不知用非其当，反贻人訾，正不徒一建筑之形式已也。幸楼作灰色，配以小亭花圃，布置尚称静雅，未落小家气耳。

所之门南向，通对午门之中，门横虹形小额，曰"南京古物保存所"，作大篆，笔势挺劲，不知何人所作。门内东偏有屋，警察居之，守卫者也。路铺石条，两旁树竹篱，杂植草花，有小亭，亦饶雅意。距门十数武，即楼，楼下正门左悬"南京古物保存所"直牌，右悬《游览规则》，盖所为省立，游览故不取资，唯星期一休息不开放耳。楼下数间通连，中植旧陛石，其上红丝缕缕，相传为靖难之变，方正学先生就义沥血所溅，即所谓血印石也。右傍树左文襄书撰之《血迹碑亭记》石碑一，盖亭圮移植者也。此外尚有六稜碑幢、寺碑、墓志、墓砖、宫瓦、报恩寺砖等等，各物于其旁植甲字形小牌，上粘说明考证，以为数过多，不能悉记。东半又有石井栏甚多，六角形、圆形均备，多数千百年前物，石质光润，细腻可爱，四周绠痕缕缕，均汲时牵引所留，有深至寸者，想见历时之久。语谓水滴石穿，绳锯木断，若此直绳锯石断矣。粗览一过，乃拾级登楼。

楼上分东西两部，东部作一大间，以值修整器物，门闭未得入，于窗中望之，正中悬明太祖像，广颡大耳，与市上所售照片相似，左壁分悬方正学、景忠壮两先生像，虽均后人所摹，唯神奕奕有生气，当系名笔也。西部分三室，中室向门，中置桌，上设笔墨及参观题名簿，两壁悬金陵金石书籍等一览表。由此入西室，室分置数架，架上庋有泉布、砖瓦、造像、古兵器等，古色盎然，惜以时间太卒，未克细细鉴赏。于此中并见有洪武间大明堂贯宝钞之板二，铜质，制绝厚，有齐震岩省长跋语，云系民国六年浚渠工人得之通济门外九板桥间者，与吾昔日所见原钞之式相同，其板完好如新，至可喜也。其东室，则分置古迹名胜之摄景，及碑版拓片，亦以仓卒，未一一展观，乃匆匆签名于参观簿而出（此为楼之前部，其后半则管理人居之）。

保存所之东，有与西安门相对而相若之门基一，是为东长安门。按之载籍，此门之外尚有东华门，今已不可得其遗迹。所之北，即旧大内故址。再北有断垣，其上有石础，绝巨，闻即北安门楼（又名厚载门）支柱之所，距地可二三丈，以势度之，应不虚，唯门已圮矣。

宫城自有清定鼎，派驻防营居之。将军之署，即在其西南，今则只一大照壁存，盖光复之役所毁也。区区一地，已阅两代兴亡，铜驼荆棘，陵谷沧桑，故宫之游，遂不得不喟然作结。

八、明孝陵

故宫游毕，出东安门，步向朝阳门，将以往谒孝陵也。途中见东北城垣之下，有乔木两株，夹屋而植，闻即荆公半山寺遗址，以不得其路未往。

孝陵在朝阳门外，钟山之阳，所谓独龙阜也。朝阳门为南京之东门，予等至时，觅车不得，遂策卫往。门之外尚有瓮城，城楼及垣上，悉着枪弹痕，两次光复战役之遗迹也。出瓮城，向东而北折，路虽不砥平，亦不崎岖，或谓此系孙中山就第一任临时总统时谒陵所修，不过后来未勤加修理耳。将至陵，即见华表、石兽、翁仲对植于道周丛草间，制颇伟。翁仲文武各四，虽久处风雨之中，尚未摧残，雕工亦可观，历时四百余年，尚能完好，亦可贵也。因念古昔帝王之为此，不过为表示其尊严，何意反留为后人凭吊之具。观其拊膺垂目，对立无言，固与初立时无二，又孰知兴废存亡，已被其历过如许矣。由此又经数折，乃抵陵门，据高坡上，朱垣环之，横镌"明孝陵"之金字额。入之，其前门平列三碑。中为康熙时所立，题"治隆唐宋"四字，左右两碑则为乾隆所题谒陵诗，唯剥坏不可卒读矣。门外复嵌小碣，镌特别布告，以六国文分书之，盖此间外人来游者颇众，故有此种指示也。在正门之北，为飨殿，中供太祖神位，后悬太祖遗像，与古物保存所所见者相仿，唯画工较粗率，面则此左向而彼右向，为稍异耳。此殿为后来新建，以殿外旧础较之，视旧制杀三之一，殿材亦殊单弱，盖仅存胜无而已。守陵者于此中布案凳，售茶点水果，并有啤酒、汽水之类，备西人饮用者也。旁并设一摊，陈故宫砖瓦，并他骨董，唯一无足取。予等在此瀹茗休息，守者谓此系钟山泉水所烹，尝之与永宁泉同一，无甚特异处，想系茶叶与茶具之关系耶。

明孝陵　摄于 1930 年前

殿之北，两旁为守陵者所居。中复有门，入门即见一长方形庞大建筑物，远峙于陵前。予以不谙旧礼制，不敢定其何名，或曰此祭坛也，姑因之，志以备考。坛直向门，中有石铺甬路，唯榛莽载途，积草没胫，零落荒凉，令人兴叹。坛之下为隧道，作穹隆长巷，由南而北，倾斜而下，建筑甚坚。趋而过，声隆隆然，回声甚大，此空谷足音所以跫然动人耶。逾隧道，左转，登坛之巅，高可数丈，纵目四眺，景物尽收眼底。时细雨洒人，北望钟山之坳，气蒸然者，白云也。坛上稍北有壁周立，向南穴三门，已多残败，似是已圮之殿，然否不可知矣。

坛之北有岗隆起，占地颇大，树木满其上，郁郁葱葱，沐以雨，愈形苍翠。闻此下即太祖埋骨之所，苏长公所谓固一世之雄而今安在者，适足借以为吾今日吊之之词也。

据载籍谓，孝陵原系灵谷寺寺基，梁天监中为志公所建，曰开善精舍，又曰开善寺，宋更名太平兴国寺，后复改曰蒋山寺。至明初于此建孝陵，乃移寺于旧基之东五里许。闻其地深秀蔚葱，万松苍翠，为宁之第一禅林，有放生池、无量殿、说法台、宝公塔、八功德水诸古迹，因雨不克往游，遂仍跨卫冒雨至朝阳门，入城，换车而归。是日同游者，友人瑞五、馥庵两李君。

九、莫愁湖

莫愁湖，在旧石头城之南，去水西门约二里可，相传六朝刘宋时，卢莫愁尝居此，因以名湖。明初太祖与中山王徐达，赌棋于此，诏以湖为汤沐邑，故迄今湖租犹归徐氏。予于八月三日（六月十六日）同友往游，驱车出水西门（又名三山门），过觅渡桥，右向，数折乃达。湖前路间，有新建木坊，颜曰"莫愁湖"，为宁绅仇涞之继恒笔，制虽不古，然掩映夹道杨柳间，颇饶逸趣。路之北，一门南向，镌砖额曰"华严盦"，作小篆书。入门多售荷花莲实者，盖湖产也。再进则竹篱夹道，中莳花草。逾此，一楼前耸，是为胜棋楼，相传即明太祖与徐中山弈棋处。楼上门扃尘封，未能登。楼下即郁金堂，南向屏间，悬中山王像，执圭危坐，貌丰腴而和蔼，不类武人。闻楼上尚有一像，则貌癯而神奕，以未能见，不知孰是也。由屏左转其后，豁然轩敞，即踞湖上，北面临水，全湖在望。中间设木榻，榻后悬莫愁小像二，一绘一绣，并有名人楹帖甚多。以寺僧于此中设座售茶，人殊嘈杂，故未能久留细观，即复折出，往游曾公阁。

曾公阁，红羊劫后为湘乡曾公涤生建也，位胜棋楼之西，与之平列。屋架于水上，正中面湖设龛，中供曾文正公像，捻髯悄立，神殊儁逸，上横一额，题"江天小阁坐人豪"，后系跋语，为许振祎笔。此中亦售茶，唯人数较少，乃与友择临水一隅，瀹茗小憩。凭栏远眺，清凉山适在其北，钟阜卢龙，左右遥峙，恍若屏幛，而江外诸山复隐现于云烟杳霭中，间以练光帆影，随园櫂歌，所谓"但觉西湖输一着，江帆云外拍天飞"者，洵不虚也。

阁之南有小台，高出阁右，可以登眺。再南尚有楼亭园林之胜，以门闭未能入，闻系韩紫石长苏时所修，为彼官场中人游憩之地，信否不可知也。

寺中有莫愁像、曾公像、《河中之水歌》及鹤字、鸾字等石刻，寺僧以拓片售人，唯刻工、拓工均不佳。又有《莫愁湖志》出售，纸版既劣，取价亦较坊间为昂。予购其二，以备分赠友人，并留为此游纪念。

郁金堂及曾公阁中，楹联甚多，不能尽记，附存数联，以志其概。李松云云："一种湖山比西子，千秋乐府唱南朝。"某君云："烟雨湖山六朝梦，英雄儿女一枰棋。"雪岩居士云："湖本无愁，笑南朝叠起群雄，不及佳人独步；棋何能胜，为北道误投一子，致教此局全输。"彭刚直云："胜地足流传，直博得一代芳名，千秋艳说；赏心多乐事，且看此半湖烟水，十顷荷花。"汪瀛云："登斯楼也，其喜洋洋，把酒临风忘宠辱；望美人兮，予怀渺渺，挟仙抱月侣渔樵。"许振祎曾公阁云："过西州门风景不殊，长怀圣相经营之烈；此一湖水潢污可荐，留俟后人讴咏而归。"程文炳云："六代莺花，并作王侯清净地；一湖烟水，荡开儿女古今愁。"

十、粤军烈士墓

出华严盦，右转，过莫愁湖木坊，有门南向，曰粤军建国烈士墓，盖民国建元光复南京粤军死事健儿埋骨之所也。自经二次革命之后，经理无人，故门墙均已坍坏。入门则冬青夹道，布置类花园。所谓烈士之墓，均平列地上，并不坟起，各墓上平嵌长方石碑，上镌死

粤军建国烈士墓　摄于 1930 年前

者姓名，都凡二十。向西，园尽处，丰碑屏立，作擘窠"建国成仁"四字，为前临时大总统孙中山先生书。园之北，濒湖，正中有亭翼然，作六角形，顶以铅制，柱则石质，南向两柱鐫姚雨平一联曰："渡江偕子弟八千，淮上收功，破虏永除专制政；流血数健儿廿个，国殇不死，雄风长在莫愁湖。"上署民国元年，谅建亭之时也。坐亭内小憩，湖山景物，都来坐上，虽不临水，而轩豁开朗，较曾公阁尤胜。惜无人驻守，故刍荛者随意出入，颇多残毁，果长此以往，恐不免鞠为茂草也。时天雨欲来，遂循原路归。是日同游者李馥庵、李瑞五、谢竹轩三君。

十一、鸡鸣寺

鸡鸣寺者，即梁同泰寺也，踞鸡鸣山椒，在南唐为净居寺，后改为圆寂寺，宋又为法宝寺，后至明洪武二十年，乃建今名。予于八月五日（旧六月十八日），星期休沐，同友杨君祯甫往游。山半有门东向，题"古鸡鸣寺"直额，门旁为志公台，即施食台也。相传元时刑人于此，以后每多怪异，明洪武初尝于此施食以度幽冥，故名。入门西行数十武，折而向右，拾级斜上，乃达寺。佛殿之外，南向有坊式照壁，中间金字额曰"同泰寺"，两旁分鐫"阿弥陀佛"四字。坊之右有洋式门，亦南向，从此入而左折，再入一门，即至佛殿。

寺之后殿，迤东有楼。北向者曰豁蒙，为张文襄督此时捐资所筑，楼额为公手书，颇得坡公神髓，后系跋语，盖取杜老"忧来豁蒙蔽"之意以名者也。楼悬楹语甚多，以适值庙会香期，于此中招待善女，故未能久留，只记其一曰："遥对清凉山，近临北极阁，更看台城遗址，塔影横江，妙景入樽前，一幅画图传胜迹；昔题凭墅处，今曰豁蒙楼，却喜玄武名湖，荷花满沼，好风来座右，数声钟磬答莲歌。"为黄建篬笔。

豁蒙楼背之南，有楼东向，而制较小者，是为景阳楼，因齐景阳楼之址也。凭栏远眺，钟阜前障如屏，玄武左潴若镜，略一俯瞩，则覆舟、富贵诸山，迤逦东去，缅怀六朝乐游苑、华林园诸胜，无遗迹足寻矣。楼有小额，滕以联，曰："鸡笼山下，玄武湖边，振起景阳楼旧址；帝子台城，胭脂古井，依然同泰寺旧观。"偏重考古，一无兴趣，虽实而空，非联之宜也。此楼为男香客憩居之所，虽得稍事游观，而人声嘈杂，汗臭蒸人，故亦未坐即出。

鸡鸣寺年以六月中旬为庙期，每届此时，则善男信女，摩肩接踵，攘往熙来。山下售香烛及小食之摊担，纷列路旁，而尤以乞丐为最伙，自山麓以迄庙内殿门，沿路皆是，残肢烂肌，观之令人作恶，缘多系伪做涂饰，故难召人善感也。

鸡鸣寺，宁人俗呼之为观音楼，故吾人唤人力车而告以至鸡鸣寺，每瞠目不知所谓，此亦游人应知之一端也。

十二、台 城

台城者，故吴秣陵，晋建业城址，东晋元帝渡江，因修居之，以后宋、齐、梁、陈均因之为宫城。侯景之乱，梁武帝被困馁死，即此也。（按：《容斋随笔》，晋宋间为朝廷禁省曰台，故台城即禁城也。）今其遗址，在鸡鸣山之北，尚有一段未圮，与今日城垣相接，直类砖砌高道，步月迎风，于此最宜。予登其上，凉飙北至，挟玄武荷香俱来，披襟当之，顷于同泰寺所被俗尘，为之一涤。

十三、燕支井

燕支井，又作胭脂井，在鸡鸣山东麓，景阳楼之下，一名景阳井，故陈宫井也，以石栏有脉，雨后辄现燕支色，因以得名。当隋师入陈，后主与张贵妃、孔贵嫔尝逃入之，后乃引出，因又名辱井。予于同泰寺出，即趋下观之，井栏凿"胭脂井"字，石质颇新，谅系后来所置，旁有菜圃，恃此灌溉，实非枯井，不知当日何以能入而不没也。

十四、北极阁

位鸡鸣山之西，有山隆起，如鸡笼之覆于地者，是为鸡笼山（说本《寰宇记》），北极阁即踞其椒。予自鸡鸣寺出，从东路登，路作坡形，无级，复有小草覆之，殊滑而难陟。据《建康志》谓，山周回十里，高三十丈。盖较鸡鸣、覆舟诸山，均为高出也。

北极阁者，故元观象台也，为至元元年建，明因之，改为钦天台（故山又名钦天山），于此置浑天诸仪，后徙北京，遂留此阁。阁前为寺，门南向，有额题"高耸天宫"四字。入门，正殿祀真武大帝，有道士住持，于殿中布几座，以茶点饷游客，费则听给，予乃瀹茗小憩。殿柱悬一联曰："倚斗枢望京华，万里云霄，浩气远蒸枫陛彩；把芙蓉朝玉阙，百灵奔走，仙风都带桂花香。"款题"己丑仲秋合州张宝书"。

殿之后，再上一层，即阁。阁凡三层，门亦南向，有石额，镌"江山毓秀"四字，为光绪十七年合肥张秉乾题，新安洪承恩书。迎门树断碑一，只存一"观"字，据闻原系"旷观"二字，今存其半矣。入门，拾级造其巅，豁眸四瞩，大江环于西，蒋山峙于东，玄武湖近在其北，遐迩景物，举收眼底，实为城中部最高所在，亦登眺最佳所在也。惜地势略小，游人纷沓，且年久未修，颇多圮坏，登者一多，即觉岌岌耳。

殿右尚有偏殿，已废坏。其左则有警察居之，于兹施放午炮，城内之司时者也。以踞地较高，颇占形胜，故一有兵事，即在所必争，与城北之卢龙，城南之雨花，城西之清凉，城东之富贵，交互环峙，不特临观所宜，亦城中要害也。

游竟，从南向之正路下。山阳植树颇多，闻系义农会之造林计划，豫计迟以时日，此鸡笼山定有葱茏之观也。

十五、大钟亭

由鸡笼山下，循宁省铁路西行，有亭位于北坡之上，是曰大钟亭，殿宇周之，亭居中央，作六角形。钟即悬于中，铜质，制殊巨，旁置木杵，运而叩之，声隆然，可闻数里，余音袅袅，延数分钟不止。钟前有字，谓系洪武二十年九月铸，而寺僧则谓钟系飞来，娓娓道其铸之历史，与说部中铸剑之神话若相仿佛。亭内涂鸦满壁，有游客题名，亦有歪诗，一无足观，遂出。门首有横额，题"元音再起"四字。

十六、鼓　楼

鼓楼者，北城巨筑也，不知建自何时，或谓此原系曩日建业北门，后来北拓城垣，遂以之为鼓楼。然于载籍中不可考，信否不知也。楼基为长方台，高十余丈，中为三穹门，中最大，左右则稍杀。楼凡两层，亦甚宏大，惜年久失修，渐残圮矣。闻其上祀关壮缪，本拟登以远眺，以上有守兵，驻此瞭望，不听上。乘兴而来，遂不免败兴而返。

以上均八月五日游

十七、乌龙潭

乌龙潭，在汉西门内，盋山之前，相传晋时有黑龙现，故名（或谓系刘宋时）。唐肃宗乾元初，诏天下临江带郭，各置放生池，此潭则颜鲁公彼时因以为放生池者，故今潭上犹有放生庵祀公。地远市廛，以清幽胜，《名山胜概记》中如谭元春、潘之恒等，均再三称之。吴次尾之《留都见闻录》，且以为"一碧泓然，俨然一小西湖"。

其名之著，实不在莫愁、秦淮之下。余于八月八日驱车访之，由汉西门转至棋盘街，沿城根行，即至潭上。潭较莫愁湖为小，南北修而东西仄，为一长圆形，潭心有六角亭，筑小路达东岸。循路步入，路间树小木坊，题曰"何必西湖"。逾坊又十数武遂达，亭建一沙屿之上，凡二层，有小额题"宛在亭"三字，其西倚梯，拾级登第二层，凭栏而望，全湖并盖山、清凉山诸风景，均奔眼底。闻潭中昔日可荡舟轻泛，予至则未之见，或云潭已淤滞不能容舟矣。

十八、浙江烈士祠

位乌龙潭之东南，增新建筑物，是为浙江烈士祠，正门有额，即书此五字。入门，有碑亭当其冲，系前浙江都督朱介人瑞所立，碑阴列死者姓名，亦光复之役死于国事者也。亭悬一联曰："典录飞华，游子思故乡，迎送应歌小海曲；神弦激响，有人辣长剑，凄凉还赋大招篇。"款书"民国二年二月，亦朱氏题"。以后即系祠堂，门扃未得入，两旁尚有楼台之属。占地虽不广，布置颇有可观，非莫愁湖上之烈士墓无人料管者所可比也。

十九、龙蟠里

由乌龙潭前，向西，折而北，即龙蟠里，地当盖山、石城之间。相传昔者诸葛武侯与吴主权于此论建都形势，曰："钟山龙蟠，石城虎踞。"故名。闻左近尚有驻马坡者，即武侯当日驻马观形势处，以咨询不得其址，故未能一证其址。里之南端，有甓门，镂阳文砖额曰"古龙蟠里"，作隶书，为全椒薛时雨先生所题。坊东即薛庐，为先生曩昔主讲此间书院时所构，其背即临乌龙潭上，为宁垣有名之私家花园，予以无人介绍，不知能否任人游览，故未入览。薛庐再北，则有曾文正公祠、沈文肃公祠等，均以门闭不得入。路西并有省立图书馆，亦未开放。闻其中善本书籍甚多，恨未能一饱眼福，屏刻"刚日读经，柔日读史；十年树木，百年树人"一联，虽系成语，移来颇恰。

二十、扫叶楼

由龙蟠里向北而西，至清凉山，当路之冲，而门东向者，曰清凉寺，其南曰善庆寺，其北曰云巢庵。扫叶楼在善庆寺内，为清初龚半千氏贤隐居之所，龚托名扫叶僧，故名。路之南，有砖砌坡道，道之两旁有栏，亦筑以砖，栏之最下端，为两方柱体，连以铁梗，作虹形，中缀玻璃六角灯，朱书"古扫叶楼"四字，类商家门灯，置此幽静处，殊不称。循道而登，最外殿祀张睢阳，旁悬联曰："孤军失外援，只留遗庙祀馨香，精忠显赫；名山供坐览，好领取荷浮湖上，叶扫阶前。"为光绪十四年胡兆良撰献。殿左为僧舍，其右即扫叶楼，有南北两门可通。南门闭，张一联曰："欲穷千里目；来看六朝山。"集句颇恰。由北门入，楼下一室题"同读画轩"，壁悬诗

清凉山扫叶楼　摄于 1930 年前

联颇多，且有日本人之作，无甚足观。遂由室后循阶登楼，楼中偏北树木屏，屏悬扫叶僧像，作持帚状，上有小额，为"扫叶楼"三字，后系跋语，盖庚子变后释敬安卓锡于此所倡修也。敬安即文坛所称八指头陀之诗僧寄禅上人，与端匋斋、易实甫、陈散原等均交厚，故楼上下彼等诗联题字甚多，词多不能悉记。寄禅上人手书，予初见之，虽拙钝如稚子学书，而别饶风趣，一任自然，非斤斤于笔姿结构者所可同语也。像旁有联曰："扫叶人何在；登楼思悄然。"乃旧联，为仇涞之君所重书者。继寄禅之后为住持者，名心悟，别号六一头陀，亦能诗。故此间布置较雅，虽亦时售茶点，然与鸡鸣寺、莫愁湖等处比，终觉胜之。

扫叶楼，前凭石头，莫愁湖即在城外，倚栏南眺，全湖在望，雨花山峙其左，大江流其右，较之曾公阁之只见平远者尤胜。清凉山之翠微亭既圮，故兹山之胜，唯厥楼擅之矣（楼之后尚有佛殿两层）。

楼之西南，即清凉门，已堵塞不通。据闻此城即古石头城遗址，以其礓砎特起，有似面具，故俗称曰鬼脸城。

二十一、清凉寺

清凉寺，宋清凉广惠禅寺也，在杨吴时为兴国寺，南唐升元初改为石头清凉禅寺，后主时复改清凉大道场。寺位清凉山半腰，寺门红墙，掩映绿树丛篁间，饶有画意。闻此寺系同治初重修，已多圮废。寺后山巅，旧有翠微亭，为南唐后主所创建，即避暑宫之暑风亭也，迭经修复，清高宗南巡时，曾立碑于上。惜光复之役，复毁于兵，今胜迹不可按矣。

二十二、云巢庵

清凉之东北，一岗耸峙，寺于其椒，是为云巢庵，即所谓小九华也。相传为地藏王肉身坐禅处，故每年七月香火极盛，下旬尤最，盖俗传七月三十日为地藏诞辰故也。寺大殿已圮坏，正在募资重建。登其巅，地势迥旷，高出诸山之上，极目四瞩，城闉烟树，幂历万家，不特吴次尾《留都见闻录》所称"长江一线，帆影如鸦，而六合诸峰，提挈可至"者，其风景如故，即袁子才美小仓山，以为金陵之胜，如雨花台、莫愁湖、钟山、冶城、孝陵、鸡鸣寺诸景隆然上浮。凡江湖之大，云烟之变，非山之所有，皆山之所有者，移以为此山写照，亦殊肖也。

二十三、虎踞关

虎踞关在清凉山之北，予以武侯之言，特往寻其遗迹。至则寥落数家，除壁间钉"虎踞关"之地名小牌外，一无形胜足言，遂循原路归。

二十四、随园遗址

随园为钱塘袁子才枚所构以为隐居之所者也，园在西城小仓山，其名盖随袁氏《小仓山房集》久已传播士林，几夫人而知之矣。予亦耳其胜久，今得到宁，虽闻园已废圯，终冀有一二遗迹可寻，并闻先生之墓，即在其近，先生一代闻人，尤宜一修展谒之礼。故于八月八日游清凉山罢，乃转车而南，至乾河沿之西，下车，步至园址，有木坊一，隶书"随园遗址"，为朱枚所建题。先生之祠堂，即在其旁，矮屋数间，殊无轮奂之观，门上镌横额曰"袁子才先生祠"，作篆书，唯门则以砖砌之，其中已沦为守田者之宿舍。盖禾黍离离，此胜名之随园早已成农田矣。先生之墓尚在其西南，五台山之侧，一抔荒土，除三尺墓碣外，一无点缀。游览既竟，感慨系之。是日同游杨君祯夫。

南都名胜，于焉略尽，其未到之处，如半山寺、谢公墩、愚园、韬园之属，则俟日游后续记。昔人游记，往往不脱文人结习，信笔渲染，文信佳矣，顾不免令后之至者，有"见景不如闻景"之叹。吾记唯希存其实况，以为将来考证之助。若以为杀风景，斥为鄙陋，则吾知过矣。

（《新游记汇刊续编》第二册，姚祝萱编，中华书局一九二三年十二月初版，

原题《南都揽胜记》）

周瘦鹃：
有卖笑女子多人，车头插三角红边之旗

周瘦鹃（1895—1968），祖籍安徽，生于上海，现代作家、报人。主编《礼拜六》《紫罗兰》《半月》等杂志。代表作有《欧美名家短篇小说丛刊》《亡国奴之日记》《花花草草》等。

月之十五日，老友沈骏声兄，以事如白门，嬲愚与偕，愚久欲观光新都，借扩眼界，因欣然诺。略事屏当，即以是日之午车行，而草草劳人，遂又忙里偷闲，得三日之暇豫矣。

下关之一瞥

至白门，已夜十一时许，投宿大新旅社，社临江，江中风帆叶叶，如在几案间，唯室殊弗精，赁值复奇昂，愚等所居之一室，因面江故，索值五元，以六折定之。有卖笑女子多人，税室以居，莺莺燕燕之名，皆高列于客牌之上，闻叫局需二元，夜度资需二十元，此曹率自二十四桥畔来，而吴下名葩，则鲜有移植于此者。翌晨出作小游，见兵士憧憧往来，多有悴容，又有人张小帜行于途，上书"招募新兵"

与"招募长夫　每月大洋十五元"字样，知戎马倥偬中，需人孔急也。

款段入城

亭午，以车马入城，城门之次，有警察验行箧，验而后入，城内多荒地林蓨，殊出愚意料之外，盖沪宁路上诸名城，城内恒为闹市也。已而过鼓楼，顾不闻鼓声，遥见北极阁，如磬折以迎客者。沿途所见，有三多，多兵，多标语，多行政机关与军事机关。车至中正街，投止于交通旅社，诸室皆满，唯花园中有一堂，尚精洁，为全馆冠，索值五元，以六折请，强而后可。堂曰挹翠，门有张遜先联云："清于孺子沧浪水；瘦似诗人饭颗山。"堂中有章太炎手书横额云"观我生"，亦真笔也。城内街道宽狭不一，而汽车疾驶，未闻有伤人事，车头插三角红边之旗，率为机关中物。包车多公开，制作颇精，愚游莫愁湖时，雇得一车，黄铜烂然如鎏金，车价视黄包车略昂，而坐之良适。

金陵春之西餐与大禄之点心

夫子庙前，有金陵春中西餐馆，中有湖厅，下临秦淮河，榜其檐曰"春在秦淮"。河中泊画舫，鳞次栉比，多中空无人，偶闻歌声出水上，宛转动听，则舫中有歌娘歌也。厅中有一联云："清淡见滋味；苦语凉肺肝。"署文琅集句，不知其为何许人。此馆中西餐俱备，而西餐较胜，愚与骏声食而甘之，不遗余沥，浑忘胃疾作祟之苦矣。邻近有大禄茶社，专制扬式点心，有大肉与蟹粉包饺、枣泥与洗沙包子、油糕、干丝等，均极可口，而愚尤赏其饺子，皮薄而汤多，海上所无也，晨间生涯鼎盛，枯待一小时，始得食。

夫子庙之游

夫子庙中，实无可游，唯参观冷摊耳，凡新制之古董与破铜烂铁竹头木屑之类，几无不具备，摊可百余所，有席地者，有支以架者，并有旧书摊数处，见吾辈大作，亦有虬处其间，似方待人之欣赏者。愚与骏声，则注目于瓶盎，愚以三元易得一浅蓝花瓶，颇精细可爱，骏声亦以二元得一瓶，各捧之而出，如画中观世音之捧杨枝水瓶也。

庙前多茶肆，大小不一，俱有伎流歌唱以娱客。沿河有茶舫，泊而不动，亦卖茶卖曲。愚与骏声共登一舫，坐一玻面粉碎之旧方桌畔，小坐啜茗，听五伎流歌，共输资铜元四十四枚，匿笑而出。

伤心惨目之莫愁湖

每游西子湖，辄神往于小青苏小，兹来白下，遂不期而念及卢家莫愁。一日午后，遂与骏声驱车往莫愁湖，入华严庵，上胜棋楼，谒中山王，登郁金堂，摩挲莫愁绣像，低吟梁武帝十三织绮十四采

莫愁湖公园大门　摄于 1925 年前

桑之句，悠然而发思古之幽情。所悬楹联甚伙，仍以旧联"王者五百年，湖山具有英雄气；春光二三月，莺花合是美人魂"一联为最。胜棋楼旁有一阁，阁中有龛，陈曾文正画像，额曰"江天小阁坐人豪"，盖取姚惜抱句，以诔曾文正也。阁面湖，三面可见，湖中莲叶田田，半已枯瘁，见之令人弗怡，追想盛夏时翠盖红裳，蔚为大观，其可爱为何如哉。据骏声言，此阁本为品茗逃暑之所，夏间游人甚盛，今则桌椅联对，荡然一空，并阑干亦毁，其后轩及庭园中，粉壁俱为烟火所灼，无复旧观，以问守者，云尝有军队驻此，遂摧残至于此极，莫愁有知，当不能无愁矣。愚曩游维杨梅花岭，今游莫愁湖，伤心惨目，正复相同，不禁奋然作弭兵之想，其如手无斧柯，而人心尚未厌乱何。湖畔有粤军建国烈士墓，并中山先生所立纪念碑，颇宏伟，上镌"建国成仁"四字，中山手笔也。水边有童子撒网，问何所得，曰蟹也，即出一小筐相示，累累者凡十余蟹，郭索有声，以小银元四，易得其五，揣归逆旅，命庖人烹之，沽酒对酌，其乐陶陶。愚戏谓骏声曰："此蟹产于莫愁湖中，双螯八跪间，当亦挟有脂粉香也。"骏声为之莞尔。

秀山公园之一小时

秀山公园者，故督李秀山之僚属，为纪念秀山而作也。革命军来，为易名曰血花公园，借以纪念为革命而牺牲之诸烈士。英威阁亦改为烈士祠，唯徐世昌所书之匾额尚在，门扃，不得入，徒怅望阁上蔚然一绿之琉璃瓦而已。秀山铜像，以芦席围之，不令见天日，立其下仰瞩之，唯见口鼻，想不致有碍呼吸也，一笑。英威阁之左右，历史博物馆、通俗教育馆，均有铁将军把门，饷人以闭门羹。满园皆革命标语，不啻耳提面命，而一圆亭中，则有游人以铅笔题字几满，细审之，语多不堪，间有痛骂女学生者，一则曰"女学生即私娼"，再则曰"女学生为有钱人之玩赏物"，不知此题壁者，何憾于女学生也。园广一百四十余亩，周历可一小时，园径中落叶萧萧，辄打人肩井，知秋已深矣。

归　途

薄游三日，念海上文事丛脞，窃窃不自安，因别骏声先归。归途见龙潭一带，土馒头累累，时掠车窗而过，知皆孙军渡江时，双方战士埋骨之所也。读李华《吊古战场文》"谁无父母，谁无妻子，谁无兄弟"之句，为之恻然。幸飙轮如飞，倏已载吾而去此新战场，历镇江、常州、无锡、苏州诸站，遂又与吾小别三日之上海相见矣。

（原载《上海画报》一九二七年第二八五、二八六期，原题《白门之行》）

高 梧：
前代遗迹，不易复寻

高梧（1898—1965），本名赵尊岳，江苏武进人。民国时期重要的词学家。历任上海《时事新报》记者、《申报》经理秘书、北平政务整理委员会参议、伪铁道部次长等。著有《和小山词》《珍重阁词》《高梧轩诗全集》，辑刻有《明词汇刊》等。

南京以明洪武建元为首都，永乐北迁，则为陪都，如清之盛京（奉天），仅为制度上之点缀而已。迨崇祯殉国，弘光立而南都复兴，无可奈何之局，等于泡影。至有清定鼎，则江宁府治，不过为江苏之省会。况苏抚驻苏州，则并省会之资格，亦不完备。革命之役，为临时都城者，期亦极短。自此至民十五而重建新都，争名于朝，争利于市。昔日之荒凉荆棘者，近且平坦如砥，九逵四达矣。余行役是邦，每览其胜，尤爱掇抬旧闻，综览群籍，以备掌故。就所忆所及，略加考订，为《新都旧话》。倘亦邦人君子茶余酒后所不废乎，摩挲陈迹者其致意焉。

定淮门内，旧有金陵寺，其地为明天策卫故址，殿上旧塑金刚骑白狻猊，俗不识狻猊，呼之曰水牛。山门不塑弥勒而塑真武帝君，与他寺异。盖形家相地之言，谓寺对钟山开面，特朝成火星体，故取克制之义，真武主水以胜火也。

东花园苑家桥，为清初时守园苑老所居，危堤一曲，小屋数楹，窗闼洞开，篱垣周匝，富春花盛，极足流连。旁有酒肆，山肴野蔌，尤复可口。既而废于水患，当年风物，遂不复存。偶读朱述之大令绪曾《东园杂句》，有云"东风吹绿王孙草，一角桥西苑老家"，每为神往。

香林寺，或云半山园故址，然征之志籍，半山寺在北安内东北隅，为王安石故宅，香林寺在北安门外，相距甚远，初非昔之半山园也。旧有四足铜鼎，高二尺余，其色如铁，俗称"吃灰炉"。数百年来，谓灰未出，亦未满，则故神其说耳。又有大木椅，以整木刳而成之，可坐数人，有异香，或曰"沉香木"。大悲楼有漆雕九龙供案，则明大内故物。又有吴道子画佛牙、佛骨，则无从征实。历劫以来，凡此神物，不知犹在人间否耶？

大士香火，旧以蟒蛇仓石观音为盛。六月间赛会，喧阗达旦不绝，仿佛杭之桥三竺。自嘉庆年后，烧香者均赴鸡鸣山观音楼，此遂冷落。其时哄传有白发老妇，自蟒蛇仓肩舆至鸡鸣寺进香，倏忽不见，谓为大士化身。其事虽荒诞，要亦兴废自有定数。

南京民居稠密，时有火患。乾隆五十四年，制军高佳公麟书创作水星鼎于聚宝门楼上，以镇压之，其患渐息。鼎为铜铸，其形圆，底足皆铁通，高四尺许，上嵌八卦十六乳，四周各有篆书"水星"二字，其下铭文二百余字，今亦不知投置何许。

《金陵世纪》谓朱雀航非今之镇淮桥，乃古桐树湾。长乐渡处在聚宝门东北。《金陵新志》亦云在镇淮桥北左南厢后设信府河。救生局正当古长乐渡处，有真武庙。庙门外竖长竿，嵌铁坎卦，上立铁鹳，其大如驴，俗呼为铁老鹳，正对蟒蛇仓赤石矶。矶脉石骨崚嶒，自城外穿壕而入，尽于此，色纯赤。前人因城内屡遭火患，作此厌之。又聚宝门或以罗镜格之，为丑未向以取泄火之义，赤石矶乃正当南离，则以长乐渡为朱雀航，亦非无据也。

阳湖经师孙渊如先生，以五松名园，盖侨居旧内之五松园，以古松五株而得名也。后购皇甫巷司马河师宅，亭台池馆，布置有法，名曰"冶城仙馆"。其后复就旧内菜圃隙地，穿池凿石，逾年而成。门前设书肆，曰"窥园"。入门迤东一带，缭以长廊，曰"小苎陂"。厅事南面，曰"廉卉堂"。东北隅室三楹，后种芍药，曰"留余春馆"。西北临塘一榭，曰"鸥波舫"。旁通高台，钟阜在望，曰"大观台"。西南隅竹篱茅舍，曰"蔬香舍"。宾朋燕集，岁无虚月。五亩之名，遂与五松并传。其后孙殁，赁为茶肆，园林遂废，令人想望不置。

孙渊如先生居冶城仙馆时，方辑《古文苑》。一日为高堂称庆演剧，有《上天台》一剧，宾白姚不负汉，汉不负姚，时全椒吴山尊在座，戏曰："此二语文义简古，似汉魏人口吻，君何不采入《古文苑》乎？"坐客皆大笑。是年六月，山馆中盆莲开并蒂花，色红，其大如盏。书院月课因以并蒂莲赋命题，并以"瑞不虚呈修德应之"八字为韵。是科秋闱后，太公正寿值八旬，重宴鹿鸣，诚哉其为瑞应矣。

金陵督院司道署，仅大门有狮子。唯城守营副将头门、大堂、宅门三处皆有，而形相大于他处。其地为明岐阳王李文忠故府，制度不同，相沿未易耳。照墙后有大塘，夏日无蛙，或云张真人尝驻足于此，恶其聒噪，以法厌之，则庶为神话矣。

钟山书院大门右空地，有大铁锚二，又陷于地，一叉在上，相传是马三宝下西洋故物，不知何从至此。盖其地本东护龙河，水出升平桥。数百年前，尚通舟楫，未可知也。每中秋游人蚁集，妇人摸弄之，可以生子，呼为摸秋，令人绝倒。石城门外河滩，有铁锚数十，类有大于此者。按明顾起元《客座赘语》载，城之西北有宝船厂，永乐三年三月，命太监郑和等行赏赐南洋诸国。宝船共六十三号，适当其地，则所传不为无证矣。

清凉山旧有宫氏园，凿洞穿池，金鱼数十尾，游泳其中，令人神怡。上建三层高阁，背山壁立，曲磴盘旋而上，春花争发，真有如荼如火之概，今成废井矣。宫氏宅与园对，康其先墓，亦在宅旁。墓上松柏葱茏，百余年物。有术者谓曰："若要发，光遍遍。"怂恿伐去，家遂消歇。二语不知何本，然盲师之害人深矣。

六朝石刻传世者，以吴天玺纪功碑为最古。石裂为三，旧在县学尊经阁下。乾隆间，拓本甚多。嘉庆毁于火，遂不可多得。其后，太守余公重勒于府学明伦堂。又嘉庆火劫，并尊经阁所庋之明南雍书板《十三经》《廿一史》《通典》《通志》《玉海》，亦一炬而尽，惜哉！

四象桥晒场路隅，有石将军庙。嘉道间奸民借以惑人，诡称灵异，祷祀日众，车马塞途，香火达旦。数月间，起造木栅，树立牌坊。

滨河一带，旗杆至千余。敛钱分肥，官不之禁。既而联司马恶其惑众，投石将军，于河以旗杆木植为八府塘栅栏，其事始寝，妖风亦息矣。

钟楼及倒钟厂二钟，乃明初所铸。吕修府志，谓为景阳故物，非也。又志据元赵世延《钟山万寿寺碑记》云，聚铜数万斤，铸大钟，疑即此钟。讵知元铸之钟，在太平兴国寺，见《梵刹志》虞集碑记，赵世延并作钟铭，今灵谷寺钟楼是也，岂可混耶？

天界寺大殿右偏有铜铸大佛椅，高二丈有奇，四面合掌，露其半体，明代所造。后农夫又于殿旁菜圃，掘得一铁佛，头大可数围。寺僧装塑木身，长丈余，供于铜佛头之后。按《梵刹》云，天界寺之右，有铁佛寺，此其遗欤？

宝光寺在雨花台东麓，刘宋时名天王寺，梁废为昭明太子果园，南唐保大中更建奉先禅院，后葬昙师起塔，名宝光塔。元为普光寺，明正统间，改为宝光寺，后接雨花台。其顶方平如砥，面对天印山，形势颇聚，或谓为雨花台带结。大殿后壁画达摩尊者坐像，高及二丈，阔亦如之。衣褶七笔而成，魄力浑劲，俗呼为七笔头祖师。康熙间人手笔，今亦不易踪迹矣。

袁子才之随园，天下习闻之矣。本为织造隋尚衣寓园，袁得之，仍以随名。山环水抱，极画图之妙，城中名园，无出其右。有自撰一联云："不作公卿，非无福命都缘懒；难成仙佛，为爱诗书又恋花。"又自集唐句云："放鹤去寻三岛客，任人来看四时花。"其"小栖霞"三字，尹望山亦有联题之。至今清凉山麓，一望平芜，令人殊有梁园之感。

皇甫巷旧有邢氏缘园，在宅之右，方池数亩，绿柳盈堤，冶城山色，如在襟带，并有扇摺矮垣，屈曲纤斜，循而走者，有迷路出难之况，惜主人早殁。邢氏之先，为徐氏主。袁子才宰江邑时，曾燕新进诸生于此。迨归邢氏，袁又往游，题一联云："胜地怕重经，记当年丝竹燕诸生，回头是梦；名园须得主，幸此日楼台逢哲匠，着手成春。"王梦楼所书，亦双绝也。

前明都会所在，街衢洞达，洵为壮观。由东而西，则火星庙至三山门，大中桥至石城门；由南而北，则镇淮桥至内桥，评事街至明瓦廊，高井至北门桥官街，极其宽廓，可容九轨左右，皆缭以官廊，以蔽风雨。今为居民侵占者，多崇闳之地，半为湫隘之区矣。

茅君别院在朱门乡之牛脊山，一作牛迹，有西汉永光五年碑石，虽损折，可摩拓者，尚有数十字。江宁金石，此其最古者矣。

《金陵世纪》：秦淮与清溪相接处，其流通内桥景定桥，经清平桥绕旧内宫墙南流入淮。又云，清平桥西通内桥，按今四象桥即清平也。

焦状元巷为明焦文端所居，旧有五车楼，为藏书之所，已毁，唯门宇崇闳，在前清间"太史第"三字尚存。若仓巷转西，有朱状元巷，或谓为朱之蕃故宅。秦状元巷在江宁县署东，涧泉殿撰未达时故居。

铁塔寺仓有铁剪，俗呼为"飞来剪"。相传仓中多失米，谓其作祟，必祭之。灵谷寺亦有铁剪，其制较大。老僧云，为镇蛟之物，蛟性畏铁，故设此。然山中屡有蛟患，其言亦不确。报恩寺塔前亦有此物，谓之千斤举重。登高必搭架引绁，以此坠下者，造塔用之。此说较近理矣。

石城门至通济门长街，数里铺石，极方整而厚。洪武间令民输若干予一监生，谓之监石。数百年来，摧毁殆尽。近则修治道路，更无需于此矣。

明初建立都城，凡十三门，钟阜、清凉、金川，俱闭往来，通衢、三山之外，以聚宝为最盛。其门槛高二尺许，长一二丈，色黝如铁。相传为活子午石，外国贡物，每日自子至午长一分，必万人践之始磨灭，则神话也。城极高，凡二层，各有七洞，与东西水关相埒，初富民沈万三所造。官厅照壁后，有砖塔一座，覆以小亭，相传为埋聚宝盆处，见《余冬序录》等记载。观其名门之义，殆不诬耶。

聚宝门西南隅，旧有万竹园，明魏国公别墅，《白下余谈》云齐王孙业。按顾起元《客座赘语》载，齐王孙同春园在沙湾饮马之间。《江宁县志》云，在城西南隅，后为陶氏宅。据此则同春应在今小门口库司坊，非万竹园矣。清初邓氏卜居于此，近尚有存者，其题门曰："二分水行，一半城郊。"城外适与赛虹桥相近，薄暮时曩有白鹭数百成群，栖止林间，咿哑不绝，俗谓为旺气所聚，百鸟朝凰。然近兹已不之见，则朝阳鸣凰之盛，其去而之他耶。

诸葛祠在信府河军师巷，相传和吴破魏时，武侯驻节于此，后归救生局。高楼三楹，南窗夜启，塔灯在望，颇称僻静。后有人于庭中栽树，掘地六尺，见石板二方，下有穴，深不可测，遂亟掩之。其不波之古井乎？

作假山自李笠翁后，以阳湖戈姓为最工，孙渊如经师多奖假之。五松、五亩二园及冶城仙馆，尽出其手，一丘一壑，结构天成，大小不同，各具胜趣。穿池以砻糠灰、石灰、黄土，研之极细，三合为一，铺而捶之，坚整如石，经久不裂。视用锡板、石板者，巧拙迥别。然言兵之后，废池乔木亦终，徒叹奈何而已。

梅花以隐仙庵为最古，乃六朝遗迹。聚宝门外能仁寺一株，色淡红而素心，枝多下垂，呼为覆水。梅寺已败圮，花开时，游人多自远来，近则巨干已不复花，绿毛么凤，无枝可栖矣。

报恩寺旧有藏经版，明初颁赐，令广印行。其目录条规，具载《金陵梵刹志》，是为南藏。他处或残或缺，均诣寺补印。宏觉、灵谷、鹫峰所藏，均此本也。道咸间崇封寺住持敬玺请印北藏全部，费至数千金，丛林北藏，仅此一部。追岁月如流，沧桑屡换，报恩经版，不知犹在人间否也。

马鞍山有三，一在定淮、清凉二门之间，俗呼"小匡庐"，有大悲岭，《六朝事迹类编》纪之，去城十里，西临大江与石头接是也。一在钟山灵谷寺之东，八功德水从山下涌出，见《灵谷寺志》。一在江宁西南三十五里，见《乾道志》。今牛首之西有马鞍山，由吴山西来，朱先生元英墓后过峡处，盖即《乾道》所载者也。

名山多为僧占，唯雨花台吕祖庙、朝天宫飞霞阁二处，高踞峰巅，万家烟火，一览而尽，最为胜境，羽士主之。虎踞关之隐仙庵，丹桂盈庭，乾河沿之不二庵，白莲满沼，以及灵应观、小桃源等处，皆当年游览胜地。昔李笠翁云，遍庐山而览胜者，皆佛寺也，道观唯简寂而已。释、道应作平等观，何世人厚于僧而薄于道如此，诚哉为知言。

秦桧墓在牧牛亭，出聚宝门七十里，又名牧龙亭。元兵渡江，屯墓侧，兵士践溺，呼为"秽墓"。明万历间曾被发掘，今已湮没无传。其后裔犹有居其地者，皆改徐姓矣。杨诚斋有《宿牧牛亭秦太师坟庵》七律一首，是其明证矣。

金陵产稻，与他处同。观音门一带，粒长而白，谓之观音籼，作粥最良。门外谷里府之金牛洞，上下数里，色红而味香，做饭耐人咀嚼，谓之到地南乡，皆谷中之特异者也。

元至元中，西僧杨琏真加毁会稽南宋诸陵，断理宗头，漆为饮器。琏败归内府，九十年矣。洪武二年正月，诏宣国公李善长求之，得于僧汝讷所，命瘗聚宝山，立石表之，见《贝清江文集》。今方正学祠后梅冈有石冢，其形如椁，与长干塔相对，或谓即其处。

旧俗妇人以黑绸包头，绸缎廊谈见所、奇望街汪天然两家，皆以是著名。汪天然自明迄今，世守其业，门前招牌八大字，赫然在望。庭中有大白盆，贮清水。相传昔时来买者必令以盆水浸之，以示无欺。迨世风丕变，妇流竞效新饰，以至今日之摩登化。包头固已废弃，谈、汪两家，亦遂早歇业矣。

清胡任舆状元坊，香楠木所建，极为宏壮。至嘉道间，二百年来犹存之。陈会元、秦状元，均未建坊也。他若十庙之英灵坊，鼎新桥之建安坊，城北之单牌楼，双三四牌楼，土街口之芦政牌楼，汉西门之牌楼，徒有其名而无其实。又利涉桥侧有牌楼，题"桃叶渡"三字。镇淮桥有牌楼，题"巷舞衢歌"四字，久毁于火。近则市政设施，一行新制，凡此障碍物，多付芟夷，不易问其根址矣。

淮清桥旧有集刘梦得、韦端己联云："淮水东边旧时月，金陵渡口去来潮。"极称工雅。然桥已屡建，联遂失去。父老见之者，犹辄资为谈助云。

台城一段，犹建业遗址，俯临后湖，登眺最胜。城下向东有门堵塞，俗呼为"台城门"，或谓即"古北掖门"，为广莫门旧址。按台城即吴苑，晋成帝咸和中修缮为宫，周八里，乃在都城之后，别为一城。刘宋于台城东西开万春、千秋二门，向所谓广莫者，为都城。北门在十二门之内，非台城也。今台城向东之门，盖万春门之故迹，明初开拓城基，因旧址而成之。安得指为北掖，而以广莫当之乎？

南唐御街在天津桥南，直对镇淮桥，至南门台省相列，夹以深渠。东西有锦绣坊，西锦绣坊即在应天府街。《金陵世纪》：今江宁府治为应天府旧治，地名府西大街，当即西锦绣坊。其东有街通旧王府，初有过街楼，名文昌阁，后毁于火。道光间移建凤池书院于此，及今并书院遗址，亦不易考矣。

蟒蛇仓石观音像，倚山凿石而成，为梁光宅寺故址。像下有石孔，以竹探之，深不可测，或所谓郗后窟耶。朝阳门下观音寺，本灵谷下院，见《梵刹志》。殿后有石壁高二丈，广如之，背刻"水晶屏"三大字，孝感熊赐履书。正面刻大士像，光泽可鉴，如坐琉璃中，追琢之工，妙绝千古。又麒麟门外坟头地方道旁，有大碑一段，横卧于地，长五丈许，阔一丈，碑头作盘龙形，未凿成，土人于碑

台城　摄于 1933 年前

上曝稻，可容三十余石。相传明初所遗，将以备孝陵用者。盖当时因举重难运，故置之耳。于今灵谷又在重修运动会场址，拓地无数，种种遗迹，不易复寻。石屏依旧，宜无慨然。

淮清桥之东清溪祠，旧祀青溪小姑，南朝甚著灵验。《舆地志》称，青溪岸侧有神祠是也。隋平陈，斩张丽华、孔贵嫔于栅下，南宋时并祀之。《六朝事迹类编》已称祠有三妇，迨后祠额犹存，仅小屋一楹，塑男子像，优伶祀之，名曰"老郎神"，谬妄愈失其真，至今则并此且勿存。然读王渔洋《分甘余话》，秦淮青溪上有张丽华祠，作二诗，则其祠清初犹存也。

道光间，南京大风雷雨，红纸廊仁昌质库招牌杆，自上及下，劈为数段，其顶抛至古城隍庙前，相去半里。府学大成殿柱，火自内发，当即扑灭。县学泮宫牌楼左角，亦被击毁。此外大树拔干，犹不绝书，视今水灾，亦同属仅见者焉。

金陵地势，北高而南卑，取黄土者皆在永庆寺五台山一带。城南土色皆黑，黄者少。人家穿井，下及三丈，犹见砖石，知前代为平地，日积月累，久而至此。高岸为谷，深谷为陵，岂虚语哉？

（原载《旅行杂志》一九三一年第五卷第十期，原题《新都旧话》）

邵半醒：
惨淡荒凉的莫愁湖

讲述人曾在《知难周刊》发表《谈谈古丁格斯最近之科学的社会学观》，具体事迹不详。

莫愁湖名满金陵，可是我总没有到过。

这是十一月了。我的游踪这半年来飘泊不定。到沪不久，忽然兴致来了，要游金陵。乘十几个钟头的快车，呜呜地一阵到了下关。访过了空阳、贯一、梓心、述仁等几个老友，没心没意地在他们那里住了两天；到第三天，我的关不住的心——受了创伤的心——委实有点纳闷，要到大自然界里去舒展舒展，给他一些生气了。

莫愁湖就是心中的第一个对象——虽然这两天独自悄悄地游过几个地方，可是除了那几片无心出岫的白云，没有人知道。

"我们游莫愁湖去吧。"我同梓心商量。

"好呀，不过没有什么味。"

贯一好像忙个不了，并且他对于游览风景上是不大发生兴趣的，除非有一大队朋友同行。我自然不去邀他。梓心只得陪我走一走，很有点勉强的神气。于是我想着：眼前一湖风景，只有我一个人领受了。

刚出水西门，寒风吹得有点刺骨。狭小的街旁，立着几株残杨，半枯的柔条，远在临风飘舞；枝上剩了几片残黄色的叶儿，不时从枝上飘飘飞下，落在街旁，被行人践踏了。向右转了一个弯，两三个乡人，赶着四匹矮小的驴子，迎面走来。驴子背上驮了几捆干柴，十来株白菜，还有主人的一双草鞋，还有一根长烟袋杆子，很驯善地得得走过了。后面一个鸡皮枣面（皮肤粗糙发皱，脸色发红，编者按）的老妇人，骑在驴子背上，两个藏在皱厚的眼皮底下的眼珠，不时对街旁闲散的行人，瞅了几瞅，也就走过了。再往前进，已经到了郊外；眼前只有一天寒雾，路旁半池清水，抱着对面堤上一行稀疏的枯树，妆成了一幅暗淡严肃的景色。

"莫愁湖到了。"梓心在前面车上嚷着。

"湖呢？"我惊奇了，没有看见湖。

黄包车在靠右边一个八字式的门前停下，我们付了车资，大踏步朝门里走。一道狭长形的空庭，植了一些七歪八倒的花木；两个褴褛的锯木工人，对拉一把小锯子，一上一下，很安闲地在那里锯那个刚掘出不久的老树兜。

"这是胜棋楼。"梓心指着庭后的小楼说。其实楼上一块横匾，题着"胜棋楼"字样的，我早已看见了。楼下许多楹联，琳琅满目，我也无心去细看，因为我心里早被传闻中的莫愁湖占据了。梓心尤其性急，走马看花，转回廊，穿狭道，倚栏杆，无意地走了一遍。

"湖在哪边？"我心里急了。

莫愁湖一隅　摄于 1930 年前

"跟我来咯。"

"这是曾公阁。"梓心走了一气，上了后面的小阁，接着这样说。阁中阒无人声，灰红色的木壁久经风雨，已被剥蚀了，愈显得阁中寂静萧条。中间一个破败的神龛，里面悬了一帧曾涤生先生画像，画笔也还遒劲可观。此外一无长物，只有我们的步声，偶一踏破阁中的沉寂。

我们转到阁后的栏杆边了。凭栏一望，满目荒草残叶，映着天空灰色的浮云。"这就是莫愁湖啦。"梓心指着栏外的一片荒地说了，这才提醒我多年来的梦想。呵，这就是莫愁湖！"庐山烟雨海宁潮，未得亲临恨不消。及至亲临无别事，庐山烟雨海宁潮。"我的心里起了一种不可名状的幻想。

从暗淡的烟雾中望去，莫愁湖只显得一片惨淡严肃的景色。湖面不大宽，约莫有几十亩来往的地面。湖中一半是浅滩，成一新月形，抱着湖这边深洼的一半。一到冬日，全湖都干了。滩浅处，满地的荒草，芜杂不治，终年只有日光和雨露给它们梳洗整刷一下；有时寒风起了，它们顺着风势，乱舞一回，做成一层一层的波状，恰如夏日的麦浪。深洼处，留下了满地残荷；夏日田田的荷叶，都枯萎了，破乱了，七零八乱地散遍湖中，一阵冷风吹来，便懒懒地翻动几下，沙沙作声。岸边几行疏柳，临风摇曳，半青半黄的叶儿，有时飞几片下来，与这孤寂的残荷作伴。远处几点寒鸦，绕着湖中枯树飞鸣；飞得倦了，有几个就落在树上，很闲逸地用嘴去梳理自己的羽衣，有几个集在荒草里面，寻觅野粒，时时露出几点黑背来。对岸剩了十来株矮小的冬青树，列成一排；右端一棵高大的落叶枫，显然是众树的首领。树下一头耕牛，俯首摇尾，啮着残冬的草根，可是没有牧童跟着。全湖的景物，除一片衰草、半湖残荷、几株垂杨，不时对着冬日的枯木频频点首以外，便只有一色沉寂、荒凉、惨淡而已！

凭栏望了许久，寒风吹来，令人股栗。梓心似乎等得有点不耐烦了，催我走。我们就辞别了阁旁那株时时向我们点首飘舞的垂杨，转到回廊这边来了。

"烈士墓在那边，我们去看看吧？"梓心征求我的同意。

"好极了。我们顺便在这里瞧瞧，再过去罢。"

楼阁零乱不堪，里面一无长物，唯楹联特别多。忽然梓心指着对面廊檐下的一联对我说："喂，老邵，那副对联你看见了没有？有味呵，哈哈！"我的视力本来有点不大高妙，哪里会辨得清字迹？"我念给你听呵，'女唤莫愁，湖唤莫愁，天下事愁原不少；王宜有像，侯宜有像，眼中人像此无多。'哈哈，有味！中国的文人，总欢喜弄这些没出息的顽意儿。"梓心带一点滑稽的神气，边走边笑着。我们到了靠胜棋楼这边的墙头，石壁上有几块刻石，书法虽不十分高明，但也还可观。一块上面绣着莫愁女的画像，笔力工整；旁边有梁武帝作的"河中之水向东流，洛阳女儿名莫愁……"长歌一篇。这两种摹帖，我各买了一帧。其余各处的刻石，还不下十来种，似乎都没有什么精粹处。

胜棋楼里的妙联，算是最多了，书法与联语多半出自名手，两者可以媲美。记得有几联云："江水东流，淘尽了千古英雄儿女；石城西畔，依旧是六朝烟雨楼台。""轶事溯前闻，叹古来宦海场中，无非一局棋枰，空争胜负；痴心说后果，问他日莫愁湖上，可有千秋图画，绘我须眉。""说什么盖世功名，丞相空留遗相在；且消遥一湖风月，莫愁正是善愁人。""红藕花开，打桨人犹夸粉黛；朱门草没，登楼我自吊英雄。"读这些妙句，大有使人消极放浪，不复进取之概，文人之"没出息"——梓心的话——也就在这一点吧。又一联云："才经过禅关，却怜桃叶飘零，六代湖山谁作主？且收入游记，待看荷花开遍，一船书画我重来。"也是这一类的把戏。

各处逛过一顿，我们就出了大门，转到烈士墓这边来了。一片整齐修洁的坟地，靠近湖边，风景也还雅致。右边颓垣屹立，有的崩坏了，有的修补了。进门处一座横额，题"粤军建国烈士墓"，仿鲁公书法，遒劲可观。里面几道小榆树筑成的篱笆，围着烈士的青冢，显得恬穆静谧。坟地后面，一座高碑矗立，题"建国军墓"，是孙先生亲手写的，惜刻工太差，渐渐剥蚀不明了。他如展堂先生等的墨迹，都在旁镌着，也不大明显了。在冬日暗淡的烟雾中，这片墓地，与荒凉的莫愁湖，一同沉寂。在这里凭吊先烈，使人油然生肃敬之心。死者的责任已尽，后辈又当何如？——满地枯叶，被风吹得沙沙地响个不已。

我们流连了许久，漫步踏过垣墙来，又回到胜棋楼里吃茶。

惨淡的落日和啼鸦，又送我们归来了。

一九二七年十二月二十一日

（原载《学生杂志》一九二八年第十五卷第一号，原题《冬日的莫愁湖》）

卢冀野：
游过玄武湖，再去游西湖

卢冀野（1905—1951），江苏南京人。1926年毕业于东南大学国文系。先后在金陵大学、成都大学、河南大学、中央大学、暨南大学、四川大学任教。曾任国民参政会参政员、重庆通志馆馆长。著有《南北曲溯源》《中国散曲概论》等。

到过南京的人，谁也不会忘记"玄武湖"的，"玄武湖"，不，土人老是叫作"后湖"，只有我们写诗的人爱称"北湖"，因为湖居城北。看到北湖二字，使你联想到西湖。虽然，西湖负天下的盛名，比起北湖来，各有风光，谁能说北湖不如西湖呢！

让我来打个比方吧：西湖像是一本戏剧。一切角色的活动、情节的推演、场面的布置，统统离不开脚本，而表演却在舞台，不在文字。北湖便不同了，北湖是一首诗，音节、感情、想象，以至于结构、造句、练字，在文字上表现，也就是在诗的本身上表现出来。你看：逛西湖的人，只是在湖边上绕，什么楼，什么阁，什么墓，什么山……若去逛北湖，便大大不然了。逛北湖，逛的就是湖。所以，西湖胜处在装饰，北湖胜处在湖本身。这并不是替北湖说夸张的话。

北湖，春天去逛好，秋天去逛也好，夏天，不用说，去逛更好，冬天去逛，您能说不好么？——我以花果来替湖上风光划分为四个时期。

一、桃实期，樱桃固好，湖上特有的一种蟠桃更妙。

二、瓜藕期，吃了"花红"就到雪藕的时光了。

三、石榴期，薄皮的石榴，在八月初，你就可以吃到。

四、橘柚期，这也是不著名，而具有特种风味的。

明代刊本《后湖志》所记载的是"政治性的北湖"，近人夏仁虎编撰的《玄武湖志》所记载的是"历史性的北湖"。我要说"北湖的现实"，所以先谈北湖的"吃"，岂有逛而不吃？也许有人还为吃而逛呢！

我对于北湖的观感，也因心理与时间的转移而变迁，在年轻做大学生的时候，我认为北湖是"绮艳之丛"，可以我所作此曲为证：

【仙吕·一半儿】风光何必数扬州，玄武湖边艳迹稠，
苴蔻含羞玉笋柔。一半儿樱桃一半儿口。

那时的北湖，一片荒洲，许多老树，含烟带雾的莽苍苍百顷湖波与万朵莲花而已。宝润门开的不久，湖神庙才改建陶亭；在如此荒寒中有过不少生香活色故事。雨湖、月湖、雪湖，我曾饱尝湖色。

在建都以后，玄武湖改为五洲公园了，我十年作客在外，久矣夫不逛湖了。偶然在一个夏夜，去逛一次夜湖，曾赋诗一首："暗中

失去钦天阁，才到菱洲恰四更。寂寂湖山已沉睡，星星灯火已能明。悬知荷盖擎无力，斗觉蚊雷聚作声。剩有摩胸飞劲意，不随风敛縠纹平。"

自从湖上盖造了洋楼，我已不大感觉兴趣。在这十年之中，我只认为北湖是"群众游息的场所"罢了。尤其是夏夜笙歌达旦的光景，置身其间，仿佛如在戏园一样，喧阗，呼嚷，不禁为之汗流浃背。

最近一次的游湖，便是去年"八一三"以前，偕黄达云军长，驾一叶扁舟，对着堤上盈千上万的游客，我也曾吟过一首小词：

北面钟上一发青。绿杨回抱古台城。湖山信有豪雄气，林木时闻剥啄声。　　春梦远，暮潮生。踏歌堤上女郎行。休将玉树南朝曲，唱与潭州宿将听。（《鹧鸪天》）

我从北角一带城郭上发见北湖英武的气象来，颇觉得北湖仍然可爱。明知这已是表现我中年的心境，然而湖光山色的确也并不十分柔媚！以上我对北湖的歌咏，已呈现在读者之前。但不知我下一次去游湖是什么时候了？

北湖，我想，最近我就要回来的！相知与不相知的朋友们，我与诸君约："我们游过北湖，再去游西湖，何如？"

六月三日

（原载《弹花》一九三八年第五期，原题《北湖——南京山川人物之一》）

王翼济：
玄武湖——年青人的情人

王翼济（1916—？），浙江宁波人。热爱文艺，曾在《新京日报》副刊发表处女作。

离开南京将近三年了，到现在我还在想念她！

玄武湖——这年青人的情人，在每一个居住在南京的年青人心里，是永远不会忘记的！

出了玄武门，一条柳荫夹道的长堤平直地伸展着，左右是那碧清的一片湖水。紫金山巍峨地矗立在前面，那清秀的倒影映在平静的水面上，显出明媚的轮廓。背后，雉堞整然的城墙，像一个巨人的两臂紧紧地搂抱着。在右面的城墙上，露着鸡鸣寺和北极阁的顶巅。还有那梁武帝饿死的台城也在那里——这就是玄武湖最初给你的印象。

然而玄武湖的美岂仅至此呢？你得像看情人一般细细地欣赏她！情人越看越美，玄武湖也是如此！

沿着长堤往前进，在那人工布置的亭台花树间依然可以看见自然的伟大与美丽。这里是湖上的绿洲，是被称为五洲公园的。事实

五洲公园（玄武湖） 摄于 1933 年前

上玄武湖与五洲公园已成为一物的两个名称，是无法再把她们划分开来了。五洲公园名称的来历很简单，因为湖上有五个绿洲，有的相连，有的不相连，但它们都被湖水包围着，可以说是属于玄武湖的。

玄武湖的美妙不仅在于她经过人工布置的五个绿洲，以及环绕她四周的景物，主要的还是她那澄澈无波的湖水。因为有这宽阔的湖面与浩渺的湖水，才使四周的景物灵活生动，才使人们永远不能忘记她！

但是你如果想说出她的美处来，那又有些为难了。正像一个美丽的情人一样，你不能光指她的一手一足、一颦一笑，便以为这是她的美丽处。玄武湖也是这样，在清晨，在黄昏，在月夜，在雨天，以至于春夏秋冬一年四季，她都有她独特的美。这美需要你自己去欣赏，自己去领略。

但无论在任何时候，你要领略她的美总不应该忘记泛舟。是的，唯有在泛舟的时候，你才能领略她的美。这道理我说不出来，不过你老兄也是泛过舟的，用不着我来说。

在春天，当杨柳枝头染上新绿的时候，玄武湖就开始热闹了：男的女的，三三两两蹀躞在柳荫湖滨；如茵的草地上爬滚着幼小的孩子们。这时，和煦的太阳正放着鲜艳的光芒，照着红花绿树，照着平静的湖面，也照着湖上的游艇，这些游艇悠闲地容与在碧波上，活像一幅图画。你如果看得有味，那你也不妨去租一条来试试。租金是挺便宜的，花两毛钱就够了。你从前有划过船吗？如果你还是初次，那最好请船娘替你划，你不妨摇一支桨在旁边帮着她，也许一会儿你就会划惯了。划船用不着费力，你只要舒适地一桨一桨地划。看看岸边的景色，看看天上的白云，汩汩的水声拍击着你的船舷，这幽美的音乐是难得欣赏的。水声从水面浮起，飘进你的耳里，你会疑惑这音乐仿佛是从天上掉下来的，又仿佛是随着风从远处吹来的。总之，你不去管它，你只管任情享受。这里有宽大的湖面，足够你任情驰骋，你若喜欢热闹，你可以划近岸边，那里有游人，也有同你作伴的游艇。假如你是喜欢静的，喜欢独个儿在一个静僻的地方遐思，那这里也有的是：你可以把船划到城墙边，划到山脚下，你静静地躺在船上，任湖水推送着你的船。你可以仰看白云在天上飞驰，任春风抚摩着你的脸。太阳是温和的，正好做日光浴。这时候你的思想将随天上的白云，耳边的水声，飞到辽远辽远，你仿佛已经离开了尘世，又像是踏进了天国。这里一切与尘世无涉，这里只有伟大，只有自然美。

夏天，湖上已铺满了田田的荷叶，这一片莲叶却把湖面弄得狭了些。粉红色的芙蕖像刚出浴的美人的脸庞，那样娇羞，那样美丽，把游客的注意力都吸引住了。夕阳挂在山头，金色的阳光替湖面涂上了一层金，向晚的风送来了凉爽，也送来了荷香，如云的游客拥挤在长堤上，触鼻的白兰花香从那些穿着蝉翼纱的女人身上发散出来。柳荫深处，有知了在奏着音乐助兴。

太阳落到山后了，满天是绚烂的晚霞。湖上的游艇如织，歌声笑语，把荷花也引得点头了。微风过处，田田的莲叶像鞠躬似的摇晃着，构成了一片绿波。

夜色渐渐从四面浓起来，一会儿就塞满了整个宇宙。一轮明月缓缓地从东方升起，朦胧的清辉像替湖神披上了一层轻纱。绿洲上灯光闪烁，冷饮店播送着迷人的爵士乐。湖上有人吹着口琴，清幽的乐声随着微风在水面飘荡，飘进荷花丛里，也飘进躲在荷花丛里的游艇上年青男女的耳里。是那么缠绵动人，使湖水也停止它的歌唱了。

月儿爬到天心，夜色更浓了。月光在水面浮动，像一片碎银平铺在湖面。船影在渐渐移动。远处，女子尖锐的歌声在空气中震荡，那凄厉的歌声像电流般震撼着每个人的神经。

随着炎夏的消逝，热闹的玄武湖也变为清静了。只有星期日游客才比较多些。秋天有太好的天气，蓝天白云，加上金黄色的骄阳，湖水是更为澄澈了。如果你是一位诗人，你应该多去去，那里你会得到"烟士披里纯"的。但秋天也会下雨，雨中的玄武湖更是另有一种风韵。我不想叫你冒雨去游湖，但你不妨登鸡鸣寺去远眺，靠窗坐下，泡一壶茶，看烟雨迷蒙的玄武湖，会使你作出世之想！

冬日，朔风吹秃了树枝，草色黄了，景物萧条，湖上冷清清的，游人寥寥。假使是雪后初霁，白皑皑的雪遮满了山头城郭，枯树衰草，你驾了一叶扁舟，在那疏阔的湖面浮荡，太阳淡淡地照在你身上，你会有什么感觉呢？你是不是在回忆过去的热闹？你是不是应叹息目前的冷落？但我劝你不必为目前的景物而感伤，玄武湖是不会长久冷落的！当春风吹遍了江南的时候，当新绿爬上了柳梢的时候，玄武湖会恢复她的青春的！

（原载《旅行杂志》一九四一年第十五卷第二期，原题《怀念玄武湖》）

黄　濬：
秦淮灯船的前身是西湖灯船

黄濬（1891—1937），福建侯官人。早年毕业于京师大学堂译学馆。后历任北洋政府交通部秘书、财政部参事、总统府秘书、国务院参议等职。著有《花随人圣庵摭忆》。

金陵销夏，夙称秦淮灯船，其实今之秦淮，唯有复成桥侧一里许，差有胜趣，其余了不足观。凡谈游衍之乐者，必知虽小事亦皆系于史迹与地势之盛衰。南京名胜，六朝久成陈迹，南唐遗构，至南宋亦尽，故言南京者，当断自有明为始。而秦淮灯船，亦起于明。溯秦淮灯船之前身，则西湖灯船也。故从全部历史论之，秦淮灯船与西湖灯船，实为兴衰倚伏，互为消长。质言之，即宋与明之迭代也。

考湖船唐时已有之，极盛于宋。南宋之西湖画船，皆华严雅静，夸奇竞好。而都人密约幽期，会龙赛社，乃至贵游要人经营嘱托，大贾豪民买笑百金，无不在焉。日糜金钱无数，故杭谚有"销金锅儿"之号。其时湖中大小船只不下数百，大者二十余丈，可容百人，小者长数丈，可容二三十人，皆奇巧打造，雕栏栋，行运平稳，如坐平地。无论何时，常有游人赁假，舟中所须器物，一一毕备，但

秦淮画舫　摄于 1932 年前

朝出登舟而饮，暮则径归，不劳余力，唯支费钱耳。豪家富宅，多自造采莲船，用青布幕撑起，容一二客坐，装饰尤精致。更有贾秋壑府车船，船棚中无人撑驾，但用车辆脚踏而行，其速如飞。明时游船，比宋差小，而槛牖敞豁，便于倚眺。明黄玠诗有"湖水碧于玉，湖船深似家"之语。至清代，而大船抵宋之小船，所谓玻璃窗大船者，长可四五丈，有大红小呢门帘，其中铺设华丽，点缀精工，船中更包酒菜，另有伙食船只随傍而行。道光、咸丰间，西湖中最大之船，不过三四十只，其余之船名撑摇儿，可容四五十人，此为搭船，自涌金门搭至圣因寺前，往回均钱五文，小划船客坐四五人，船价亦然。以后则船愈小，今日殆绝不见大船矣。南宋湖舫之盛，可证者，为《马哥波罗游记》卷二第七十七章《行在大城再纪》，中有一节云：

在余所至之湖中，供游览用之大小游艇甚众，可载十人、十五人，有二十人不等，长十五步，至二十步，底平幅广，航行甚稳。有欲与妇女或朋辈同游者，可雇湖艇一艘，船中桌椅及其他筵宴应用之具一律齐备，篷顶平坦，舟人立其上，湖水深不过两步，是以一篙容与，任意东西。篷内及内部其他各处，俱绘以悦目之颜色，船窗圆形可以启闭，故湖船缓进时，游客亦可据案眺赏两岸景物也。游湖较陆行为胜，容与船上，全城在望，宫殿、寺院、园囿，以及陂陀间参天乔木，秀丽风物，俱入眼底。而市民一日之事既毕，午后辄约家中妇女，或平康女子，或则泛舟湖上，玩此美景，或则驰车城中，游目六街繁华。

可见当时湖舫之声势。至秦淮灯船，则恰盛于明，西湖船渐以小，秦淮船渐以大。明末，杜于皇作《秦淮灯船歌》，传诵一时，令人想见明季河舫之盛。张岱《陶庵梦忆》云：

秦淮河河房，便寓，便交际，便淫冶。房直甚贵，而寓之者无虚日。画船箫鼓，去去来来，周折其间。河房之外，家有露台绮疏，竹帘纱幔，夏月浴罢，露台杂坐，两岸鼓中，茉莉风起，动儿女香甚。女客团扇轻纨，缓鬓倾髻，软媚著人。年年端午，京城士女填溢看之。好事者集小篷船百十艇，篷上挂羊角灯如联珠，船首尾相衔，有连至十余艇者，船如烛龙火蜃，屈曲连蜷，蟠委旋折，水火激射。

戴名世《忧庵集》云：

秦淮五月之灯船最擅名，余往见词人之诗歌乐府，所以称美之者甚至。及侨寓秦淮数载，常得见之，然亦无奇者。其船或十余，少亦有四五，船之两旁，各悬琉璃灯数十，灯或皆一色，船尾置一大鼓，船顶露以白绢，船中凡一二十人两旁列坐，各执丝竹奏之，鼓人击鼓节之。凉棚者，秦淮小舟之名也。是时凉棚无算，来游观者，各集宾客数人赁凉棚，饮酒，随灯船上下。两岸河房皆张灯，帘栊纱窗之间，红妆隐跃。此沿古时承平之习，父老谓其衰减于曩日，已不啻数倍矣。

曾文正于同治初，力谋恢复河舫之盛，尝自乘画船缀灯八十余盏，商民灯多者，亦与相若，见《求阙斋日记》。自文正督两江以来，迄前清末年，流风余韵，犹及于民国十四五年。此五十年间，秦淮灯船皆略可观，连舻如山，歌呼行炙，皆在大船，实非行舟，乃水上架屋也。近十年来，淘汰略尽矣。回观西湖艇子亦日小，盖此十年当另画入一时期，而宋与明西湖与秦淮旧式游宴之乐，当以清亡为一结束关键。匪唯湖与淮之灯船，一切旧事物莫不以此时为结束关键也。

（《花随人圣庵摭忆》，黄濬著，上海书店出版社，一九九八年八月初版）

张若谷：
秀山公园仿佛是上海的法国公园

张若谷（1905—1967），江苏南汇（今上海浦东）人。1925年毕业于上海震旦大学。1926年后历任上海艺术大学教授、南京《革命军日报》编辑、《上海时报》记者、《大上海人》主编。1937年任《中美日报》编辑。1945年后任南京《益世报》编辑。著有《文学生活》《从罢俄到鲁迅》等。

到新都后常听见朋友们啧啧称道秀山公园，说这是南京唯一的纳凉游憩所。园景布置得很幽美整洁，仿佛是上海的法国公园。

啊！法国公园，这是多么魅诱的一个名词。这个地上的乐园，在我竟没有方法，运用着死的辞句，去抒写伊的圣洁、伊的美丽与伊的温柔旖旎。那一般自命为文人雅士所沿用"芳草如茵，绿叶成幄，每届夕暾将坠，游园士女，蔚然荟至，裙屐连翩，衣香鬓影，花芬人气，氤氲满园……"或"芳草软腻，浅碧若茵，华类灿星，俊俦麇集，衣香鬓影，蹀躞往还，仿佛穿花蛱蝶……"一类的藻词丽句，哪里可以表现出伊的灵魂于万一呢？

一年半前，我在震旦大学读书的时候，课后必挟了几本黄绿簿面的法兰西文学作品，到斜对面的法国公园去散步，倦乏时就坐在树荫底下读书。当时我最爱读的是阿尔封斯·都德的《磨坊文札》，

秀山公园李纯像　摄于 1928 年前

作者在里面所表现的描写艺术，是有自然、细腻、生动三种要素。尤其是《知事下乡》与《塞甘先生的山羊》两篇，抒写得格外细致、格外生动，异常有力量地使我的心灵颤动。每读至出神处，我常忘形躺在草地上，如《知事下乡》中的主人翁一般，不过没有把衣服弄皱，也没有嚼着紫罗兰花罢了。坐在那里，静读《知事下乡》，里面有几段描写自然界的景象，恰像为法国公园写生，不禁令人要"触景生情"。

法国公园里的游客，除了一小部分是住在霞飞路、辣斐德路一带洋房里的少女公子们外，青年男女学生占着最多数。邻近新华艺术学院的各教授，为园中的常临老主顾；或领着女学生们，在园中写生，或伴良友情侣，休息谈笑。同来新都的倪教授，就是法国公园的最倾倒者。

与伊久别的我，闭住在破旧的石头城里，生活方面固然是很平稳无变幻的了，但心灵上反常感着无限的枯燥与苦闷。一朝得知在这"死了的都会"里有仿佛伊人倩影的秀山公园，怎么会不引动我的勃勃赤热的情绪，急急地想去亲闻伊的芳泽呢？

在决心去访伊之前，我先在南京游览指南上找着了一条关于伊的履历，可以当作参考材料：

……秀山公园的园址，在通济门内复成桥的东南。园地面积四十余亩。园的东北部有英威阁。阁中供前苏督李纯遗像。阁的南边，有英威上将纪念碑、秀军铜像、喷水池等。阁的东南有秀山遗笔亭、历史博物馆。阁的西南有通俗图书馆。馆的西南有水池；池的西北，有逍遥游，阁内假山花木，布置完善。入园游览，园资每人铜元六枚……

《东海之滨》作者告诉我，在他的得意作品《秋海棠》里面，有一段描写是借秀山公园做背景的。看他怎样地歌咏那园里的景象：

……秀山公园的建筑，颇有些像上海法国公园的风格，可惜经营的年代不远，夹道的树木还没有成荫；然而左边可以近看复成桥畔一带垂杨，右边可遥望紫金山上片片的云影。当去年我在南京每当牢骚抑郁的时候，常到那地方去踯躅的。听说那边还是一个情场的胜地，许多怨女痴男，时常作为幽期密约之所……

好一个情场的胜地，怨女痴男幽期密约之所！人家说伊像上海的法国公园，大约也就为了这一点。

在艺术文化发达的都会里，一定有很整洁幽美的大公园，因为住在都会的人们常在享受生动活跃的生活，有时会感觉到太刺激、太兴奋，如果能到公园里去散步，可以使他们感受另一种的满足愉快。因为在那里有青翠的松柏、艳丽的花卉、层峦的叠石、澄清的池水，可以赏目；有芬芳的花气，可以闻嗅；有婉转的禽语，可以怡耳；有和煦的微风与光明的丽日可以洗涤胸襟……最能使人受着蛊惑或留恋神往的，是那姣容艳服的青年男女游客。特别是那如穿花蛱蝶、瞥若惊鸿的少女们黄金的头发、白玉的肌肤、朱殷的胭脂、鲜艳的粉黛，常邀吸游客们的顾盼。伊们的丰姿丽容，匀称身材的美衣丽裳；那一只只玉琢一般的脚踝在行动时的婀娜姿势，与微展着两瓣樱唇与贝齿时所呈现的笑涡，这是多么诱惑的表情，不知要惹起多少痴情公子们的空想与歆慕！我虽不是个极端的园野赞美者，也不禁要学着《紫藤花开》的作者讴歌起来：

　　　　紫藤花开的时候，

　　　　年轻的蜂们结队来游，

　　　　那是香国里娇养惯了的歌神，

　　　　听哟，伊们正奏弄起爱与欢乐的琴音！

　　　　花底下穿过了的丽人之影，

　　　　伊的身躯在光与形间袅袅娉娉；

　　　　微风吹过伊翩翩的裙，

　　　　长余幽香在芳冽的空气里。

　　《秋海棠》里所描写的秀山公园，还是三年以前的景象，所以作者对于那还没有成荫的夹道树木，很抱着惋惜。可是如水一般的时光急湍流过去了，三年中不知经过了多少沧海桑变，园存主亡，私产化为公有，入世未久的伊，已到了成熟时代，嫩绿的稚芽，已蓬勃长成亭亭玉立的苗条身材。伊的身价，也由"铜元六枚"增至十枚了。

我初次去访伊，是由"甲必丹纳"唐做向导的。这是在我托买随身长伴的小狗的那一夜，交易既成，他就邀我同到秀山公园去。

从总司令部西花园雇人力车到复成桥秀山公园，每辆小洋二角，我们分坐着三辆车子，那最后一辆，坐的是日报社经理部的龚岳掺同志，穿着一身簇新的青灰羽纱军装，留着两撇小胡子，戴着一副罗克眼镜，神气很威武，脚上因为肿病穿着一只没有面的布鞋，望上去活像一位从前线受伤回来的军官。路上碰着许多素来不向官佐致敬礼的当地兵士，见了他都肃立行礼。

车子穿过复成桥，在月光下，遥望见停泊在秦淮河中画舫的星火灯光，隐约听见得一阵阵笙歌乐，不禁背诵出杜牧的《泊秦淮》：

> 烟笼寒水月笼沙，夜泊秦淮近酒家。
> 商女不知亡国恨，隔江犹唱后庭花。

我呆然出神，又联想到《儒林外史》中庄濯江话旧秦淮河的一段描写：

> ……南京城里，每年四月半后，秦淮景致渐渐好了。那外江的船，都下掉了楼子，换了凉篷，撑了进来。……到天色晚了，每船两盏明角灯，一来一往，映着河里，上下明亮。……夜夜笙歌不绝。又有那些游人买了"水老鼠花"

在河内放。那水花直站在河里，放出来就和一树梨花一般，每夜直到四更时才歇。……

我睁定眼睛注视水面，却看不见所谓"水老鼠花"的玩意儿。只有那路上结伴行走武装同志们手里的电炬，一闪一暗的强光，咄咄逼人地射耀在我们的身上，几乎连眼睛都睁不开来。

不一会，我们到了秀山公园门口。

一座青灰色水门汀的门壁峙在我们面前，建筑还算精致，如果壁上没有那随风吹动的标语颜色纸，与那"禁止招贴"一类的招贴，倒很有些像我们已到了奥伦治的罗马凯旋门。

进门，便看见一摊圆形草地，环以小径，中间有石碑一方，底下蹲伏一只龟形色的动物，驮负石碑，想来这就是中国古书所载龙九子之一的赑屃吧。

在园里踏着沙沙的石子路，游目四瞩，觉得这是全城最有趣味的地方。日光和暖，草木兴勃，空气中充溢着浪漫的色彩，游人的脸容都呈现欢笑快乐的痕影，真仿佛已到了上海的法国公园。

游客中，武装同志占十分之五，穿白夏布衫佩鲜色缎章的青年男性占十分之三，剪发短裙露腿的少女占十分之二，都是结双成对，坐在芳草地上，或缓步花丛间，低语欢笑，羡煞一般影单形独的异乡孤客。

那天夜上，因为夜色朦胧，我又是初次游览，所以瞧不清园里的景物。同去的甲必丹纳，又老坐在"逍遥游"前的茶场，同他有约会在先候在门口的一个朋友，窃窃私语，谈得津津有味，娓娓不倦，倒弄得在旁座的我不好意思起来，心里只想早些离开他们俩，同时在默想猜度他们俩间的关系，所以对于园中的景物与游客反漫不加以注意。后来等到我们回去时，甲必丹纳的朋友临别对他说："你明天要到上海去，我心里真难过得来。"这句话送到我的耳鼓里，不禁引起了我许多的感伤，我对于这情场胜地的秀山公园，初次所得到最深的印象，就是出于伊人之口的"我心里真难过得来"。

自从那次夜游以后，在每天工作完毕，觉得无聊的时候，便约合几个朋友，或独自一人，到那里去纳凉解愁。平均每星期，总有一次，好像访情人一般地到这个怨女痴男幽期密约之所来。

自与伊人一会之后，因为伊给我的印象还不坏，所以就渐渐亲热起来。无意中我发现了伊的优点与缺点。

最值得赞美留恋的地方，就是"逍遥游"。这是一座专供游客休息的小洋房，前面有一个广场，中间设桌椅数十，有茶点冷饮品出售，与公园结不解缘的倪教授，在"夏夜"里面口口声声地称赞伊，说："那逍遥游是全园的集中点，游人大都是散布在这附近闲坐品茗，这儿有浓密的绿荫、温软的草地，有安适的藤椅和白衣侍者的殷勤招待。凉爽的晚风，夹着荷花池里莲花的芳香阵阵吹来，更能使人的心地感到迷醉一般的陶适。"

但最能引起我的感兴者，却是那倚坐在藤椅间的少女，伊们像盛在白玉盘中黑葡萄的眼珠，常发射出晶莹的光芒，集注在旁座游客的身上。阿尔封斯·都德《小物件》中的小黑眼睛，在这里也可逅遇着。但我总想在暮气沉沉的南京，未必会产生这样秀慧的少女，伊们大概也都是从热闹的都会来作客的吧。

还有那像白色大理石一般的萝藤花架，上面蔓延着红色铃儿形的花朵与翠叶的浓荫，底下有一二石凳，红花、绿叶、白架、苍石，与黄沙黑土，照耀在炎日底下分外鲜明辉映，带着天空蔚然无云的一片蓝色，与架下小坐的美衣少女斗艳争丽，活像一幅生动的印象派画。还有那园里发出芬芳的气味，与少女玉体上散发出的麝香脂粉，随风送来，中人欲醉，蝉鸣鸟语与少女们欢笑声所合奏成的"三重曲"音乐，仿佛倾听门德尔松的《午夜梦曲》。

如果没有那些随风招展贴在墙壁与杆木上的标语，那叫嚣喧哗的戏场，那遗臭万年巍峨峙立着的军阀铜像，那随地吐痰废纸乱弃的俗伧游客，那专务渔利的白衣侍者，那口衔着烟卷的守门警士，与那一切一切中国"固有美德"的表现；同时能加以艺术化的修理整顿，这唯一点缀新都新建筑的秀山公园未必会逊色于上海的法国公园。

近来常听见有人提议，想把这座尚堪改造的秀山公园，废除旧军阀的臭名，改以孙中山先生的讳名。但这究竟还是外形上的改革，我却很希望该园主事者实行内部布置上的刷新，能实现成南京市民理想中的一座人间乐园。

"改园铲像""没收逆产""取消敛钱""铲除园中一切污点"等呼声，一天一天地高响起来，当局方面所以犹豫"久延未举办"者或许另有别种隐衷。但是无论如何，"秀山公园"名称的寿命，终不

改名为南京第一公园的秀山公园的大门　摄于 1933 年前

会再长久的吧！他只能在历史上留一污点；于遗臭万年的人物表中，添辟一个位置罢了。至于改革后的名称为中山公园，或为南京公园？那只待事实告诉我们了。

（《新都巡礼》，张若谷著，上海金屋出版社，一九二九年六月初版）

病 隐：
胡园又成荒圃

讲述人生平不详。

金陵城之西南隅，有愚园，明徐锦衣西园故址。因与凤凰台相接，又名凤台园，水石极一时之胜。

清初度为荒圃，同治十三年，江宁胡煦斋太守，爱其幽旷，以己产易而有之，更拓其地，西起花露岗，东讫鸣羊街，审曲因势，叠石引泉，点缀亭台，杂莳花木，历两载而园成。广可二十余亩，而颜之曰"愚园"，石埭陈虎臣为题额，盖取柳子厚愚溪之意。

园门东向，门以内北营住宅，南置园林，高阁连云，池馆綦布，南北相向，华屋重重，金碧辉映，雕绘极工，有城市山林之概，煦斋奉母其间，园之中有"无隐精舍"，面南，屋三楹，庭中植桂四五株，每当秋风送凉，芳馨四溢。迤左数十步，为春晖堂，春秋佳日，名花怒发，极盛繁华，即主人舞彩承欢地也。堂前甃石为池，池侧有小阁，两旁叠石为山，循山而上，则孤亭耸峙，亭下石洞幽邃，磴远盘折而入，高高下下，虽广不逾数丈，高不过数仞，俨具万壑千岩之态。来游者目眩神迷，几不知其出路。其间有石极古，相传为六朝时物，刘季高题字其上，尤为名贵，石嵌于假山，今犹存焉。此山结构不在吴门倪高士狮子林下。由此达"清远堂"，堂额为南皮张子青书，楹帖则全椒薛慰农手笔。右为"水石居"，前临荷塘，大可数亩，白莲翠盖，一望无际，堂左连闼洞房，为主人操琴之所。启后户，则羊肠曲径，于竹树蒙密中，辟"竹岛"一区，来游者可盘桓暂憩。南行至课耕堂，竹篱茅舍，宛然田家风味。堂之北为"秋水蒹葭之馆"，水木明瑟，湛然清华，沿塘筑长堤，夹植桃柳芙蓉，奇花异草。循堤而南不百步，有阁耸起踞冈阜之上，老梅二三百株，枝干虬曲如铁，时有清鹤数声，起于"梅崦"之下。登阁眺望，东北诸山，烟云出没，如接几席，因名曰"延青阁"，诚大观也。此外尚有台榭池馆十余所，不及备载。总之，斯园一丘一阁一亭，无不盘曲奥折，别具匠心。非穷日所能遍览其中幽胜，煦斋有愚园三十六咏，常于园中为文酒之会，如林颖叔、薛慰农、冯梦华、秦佰虞、陈幼莲、韩叔樵、范月槎、杨朴厂诸人，均时有唱酬之作，文宴之盛，不在简斋随园下。

甲申以后，煦斋以陟屺之痛，奋身投池中，誓以身殉，遇救获不死，旋以风痹疾卒。其子碧澂宦游四方，不恒厥居，以致园林日就荒落。

入民国后，碧澂罢官归里，克承先志，亟加修葺。又于园东墙外，收傍城土阜入园，添莳竹树，增置亭馆，经营既就，日为宴集。

江宁陈伯雨谓其中高楼翼然，与凤凰台相接，因榜其楼曰怀白楼，更诗以记之。冯梦华中丞复为题额，碧澂嗣又添筑屋舍，有"爱月簃""双桂轩""瑞藤馆"数所，以补园林之缺。戊午夏，复依地方公议，为煦斋太守建"孝子坊"于园，并立衣冠墓，而命其墓地曰"锡类山庄"。此时园林之盛，过于畴昔，文酒之会，犹是当年，是为愚园复兴时期。

碧澂既殁，遗产十余万金，概为其戚某席卷以去，子嗣贫困，以不能自存，尽鬻园中老树以为活。溯自锦衣为园，沧桑屡变，此实金陵古迹之一，今复荡然，夷为废址，殊可惜也。

（原载《津浦铁路日刊》一九三六年八月八日第一千六百十九期，

原题《胡园沧桑记》）

柳逸民:
韬园曾是南京市通俗教育馆

讲述人生平不详。

京市之韬园,滨临秦淮河,乃逊清官僚蔡钧私人家园也。建于前清光绪年间,亭台高耸,楼阁崔巍,构造精良,极为宏丽;遍种名花,春末夏初,群芳怒放,清香远溢,沁人心脾;古柏参天,修竹成林,苍翠可爱;假山嵯峨,形势雄伟,池水清涟,游鱼可数。至于良禽奇兽,鸣声清幽,悦人耳鼓,饲养驯良,怡然自适。涉足其间,如入桃源仙境。园之北隅,建有藏书楼,内置古今名人书画,诗文典籍,汗牛充栋,琳琅满室,美不胜收。惜乎该园因事遭官没收,迨宣统元年,经地方官绅,改设秦淮公余俱乐部,于是政客官僚,檀板清歌,管弦杂奏,通宵达旦,其乐泱泱。在民国十六年时,经市政当局,改为市通俗教育馆,派员管理。馆内设有中外古今各种书籍、动植矿物标本、教育材料、科学仪器、卫生解剖、石膏偶像、花卉刺绣、水彩绘画、名人挂图,应有尽有,颇属完备,任人参观,游人络绎。事变后,该园毁于兵燹,败瓦颓垣,满目凄凉,殊令人唏嘘不置耳。

（原载《县政研究》一九三九年第一卷第五期,原题《韬园记》）

储安平：

在豁蒙楼上坐下，看山也呆板，看水也呆板

储安平（1909—1966），江苏宜兴人。早年留学英国，后任复旦大学教授、《观察》杂志主编、《光明日报》总编。著有《英国采风录》。

今天身子稍为健了些，清早在院子里散步，看见柳条都发青了。只两天没有走下床，外面的世界便变得那么快吗？新绿这色调我是十分爱的，但我又觉得这颜色太刻薄。一个中学生顶愉快的是礼拜六的晚上，一个孩子顶活泼的是过节过年的那一天；可是对于一个饱经忧患的人，他永远是希望生存在百草尚未上绿那样的早春之季的吧。这样想着的我，却非人情地绷起一种暮春之感般，仍然踱回到自己的房里。

我到南京已有一个多月，仅仅看见三天有太阳。今天天气还是那样的像一个吝啬的房东太太的脸，像一个高官府上的门房先生的眼珠子；总之，使你见了要苦笑不止。

饭后在床上假寐，听窗外淅沥之歌。睡了三个钟头，犹未成眠。沉入于一切杂感之我，于是披了衣服起来，撑着雨伞走出寓所。常

常在许多地方，会因为看见自己的形单影只而引起若干孤独之感的吧，但索兴抱着一种悠闲的心情，一个子在外面踱踱，倒又觉得无上高雅。怀着这样一种超然的心情，随便上崇山峻岭、江河大流、荒落坟郊，或士女错综的都市公园里，都能得到一种冲澹之趣。我向台城走去，沿路风雨交集，还疏疏落落夹些雪珠。这衰弱的身子不够这样的摧残吧，但也只有风雨的狂暴可以杀灭我的伤时之感。城墙由东头的山腰里铺过来，从我的脚下再伸出去，一直到北头，十分严肃。玄武湖偎着城墙，若稍带一些书卷之气看来，俨然是横条一幅。村庄如睡，树木安静，湖水没有言语。纵然有雨点在逗，但在全景上，也仅仅因此加重一点灰色，为一个年轻的新寡，在严肃的城墙下，守着静穆，不敢叹息。

天十分惨淡，云是灰暗的，一层一层泛起，在远山之顶上厮磨着。紫金山一带都隐约地躲在迷雾里，仅仅看出一些轮廓。我十分喜悦这种情境。我喜悦山影在迷雾里，我喜悦月亮在迷雾里，我怕黑暗，我爱薄暮。——我爱在薄暮里，像是消失了自己，像是还看见自己。

我在台城上这样闲散自在地走着。我俨然如天地万物之主，又俨然觉得天地万物间无我。既无我，也无我之叹息了吧。

这样忘形地笑着，我跨进了鸡鸣寺。

我在豁蒙楼上靠窗口坐下。这样的大雨又是这样的傍晚，我之来，真是非人情的了。我悄悄地听那壁上钟摆的滴答。庙堂里的晚钟，那样沉着地破空而来，真使人听了吃惊不止。钟声在空中持久地回

鸡鸣寺　摄于 1942 年前

荡，若有无限禅机。这钟声在空中之回荡，真能使人听之默念自己也是一个罪人。

这样幽然神往之我，仿佛唇齿有出世之感。生老病死之外，再加上因近代都市文明的加速而增加的幻影消灭之悲哀，真是人生无往不苦，既要加餐，又要排泄！既要早起，又要晚睡；宇宙在白昼与黑夜之循环交替中延续下去。人们不愿意自己叹息吧，但无声的叹息比叹息更惨。我之上台城，想略略减少我一些无声之叹息吧，但我恍惚又需要更多之无声的叹息，好用以延续自己残破的生命；人世一切真是非理可喻。

被远山背后的反光所耀，我从幻想中再去看湖光暮色。湖面被夕光耀得加倍平软，加倍清新，同时又加重惨白。纵然天地立刻将成黑暗，但果能在黑暗前有这样一次美丽的夕光，则虽将陷入于黑暗，似亦心甘。一群不知是白鸽还是白鸥，总之是那样白得可爱的一群，在湖面上扑落飞扬，遥遥遥遥，终于又在水光天色里消灭了，仅仅留下一些残影在观者之我的脑子里。

八九年前常常跟着人家来此喝茶之我，我至今还能了然想起小孩之我是如何的活泼。十年二十年后之我，再来吃茶时，也仍能一样了然想起今日之我那样冒雨而来的固执吧。这样想时，仿佛在一秒钟里已经过了十年二十年般，见到将来之我，还一样如今日之潦倒。去年春天，我有一阵睡在床上，见了友人且说着"非病也，非愁也，愁病耳，病愁耳"一类的话，这事，实俨如昨日。那时因心境坏到无可收拾，于是老在午睡里埋葬了自己的青春之我，想起无福享受春绿风光，还记得有过如下的句子：

　　醒后依着枕头听窗外鸟鸣

　　春鸟偷偷地告诉我春天的多情

　　照一照镜子看见脸上泛起的春红

　　上帝准知道我当时的心境

　　可是曾几何时，今日又再见柳梢染上了新绿了！少年心情最难测，近来，若有理由，若无理由，我说恍惚如有所失，仿佛连发奋亦属多事似的。

　　曾经在我自己的《感情的颜色与光彩》一文里说起一个人的感情有严肃与泛滥。严肃与泛滥的程度相差到可惊，这真是我之固执了。仿佛很有决心不去再浪费时间在一个演剧上，但忽然高兴在一个黄昏的工夫也竟会合着几个人连脚本都抄完且印成功了的。——这样的事，在我真是常有的，曾经几次发奋，说非读熟万卷书不可的我，可是在颓唐来时，也仍然会让日子十天半个月的那样白白挨过去。——这样的事，当我在第二次再发奋时，又不禁要引为可笑。没有几天前，在玮德家里和他默默对坐，两人都十分乏，反对上什么地方去跑，可是到头又都让自己将乏倦的身子抬上了豁蒙楼，在豁蒙楼上坐下，也感觉乏趣，但又无有勇气再走出来。看山也呆板，看水也呆板，一切都单调，狂饮着无一丝儿茶味之水，没有一句话可说。且看他人之高兴，及其喝茶姿势，起初倒颇感兴趣之我，忽而又觉一切人皆可怜。但也许当时更有人在以我为悯恤吧，这样想时，又意外地使自己吃惊起来。

正在那时，一个和尚捧了一盂茶走进豁蒙楼来。他在另一头靠窗坐下，和我遥遥相对。以我十分孤独，特来伴我一坐的吧，作这样想之我，便向他招呼：

"今天贵寺很冷净呀。"

那个和尚听见若未听见，隔了长久，才"唔"地吐出一次微声。

一个俗和尚呀——我心上作如是想。

但既以为贵寺今天很冷净，又何必再问；这样自索着的我，想来又觉得十分可笑。如那和尚给了我一句答话，也许我便无从再发觉自己之可笑了吧，这样，我觉得那和尚又甚有道理。

"和尚先生，这两天很凉呀。"

"唔唔……"

和尚先生还是那样地答着。和尚先生用"唔唔"来答应，是承认这两天天气是凉吧，是承认他自己觉得这两天天气的冷吧，是承认我们这些平凡之徒应该觉得这两天天气的冷吧，或者，否定我这一句话而不欲令我难堪吧，我这一句话或是或不是吧，总之人世间一切话都可存在可不存在的吧。

如其和尚先生答"是呀"，我又会破口而说"为什么这两天还会这样冷呢，真是非人情了呀"的吧；如其和尚先生再说"前几天太热了呀"，我又会说"为什么天时这样的不正呀"的吧，"这样的天时很易生病的呀"的吧，"穷人真是受灾了呀"的吧，以及说"近来各处都是盗匪了呀"这一类话的吧。

如其和尚先生或开初就答"还好呀",我又会说"这样凉的天气你们都满不在意吗"的吧,或者我还会再说下去,说"你们冬天也仅着这一点衣服吗"的吧,"你们不想弄一盂酒杀杀寒气吗"这一类话的吧。

总之,那样无限地延长下去了呀。

同时,灾害也是那样无限地延长下去了呀。

于是我再将眼光扫到那一头去时,和尚先生已不在了哪。

天色渐渐更凄惨起来了,远山先后没入浓暗之中,仅仅水面上还腾起一种白色,但也极暮霭苍茫之致了。我沉下心来听禅堂里的钟声。我的幽魂像寄托在这钟声里,一个圈子一个圈子地波荡出去,虽然微弱到仿佛灭亡,但仍永远存在在那空间的哪。

正觉入悟时,忽听见有人喊:

"先生醒醒哪。"

"这儿什么地方哪?"

"是你现在所在的地方哪。"

我睁开眼睛,看见那个和尚先生带着笑站在我身边。我说:

"什么时候了呀?"

"是你该回去的时候了呀。"

他一路送我,禅堂里的香好馥郁哪。

走出了山门,大好江山,如一片锦绣,全铺展在我的脚下,可惜四边迷雾隐约,已不易辨识。一阵风扑面刮来,不是春风,不是夏风，这风颇有萧杀之感哪，熟睡之我，至此完全给它吹醒了。俯瞰城市，万家灯火已上。雨住了，天上漆黑。回房来，见病了数日之我忽而不见了的同住之友人，也许会焦急地向四处找寻了起来的吧，但我还是那样从容地走着，一路从山坡上下来，想着豁蒙楼上梁任公的句子，这样念：

"江山重复争供眼，风雨纵横乱入楼。"

（原载《新月》一九三三年第四卷第七期，原题《豁蒙楼暮色》）

石评梅：

未游秦淮河，未登清凉山，未能细睹湖光花影，殊为长恨

石评梅（1902—1928），山西平定人。1919 年考入北京女子高等师范学校。1923 年参加"女高师第二组国内旅行团"，游览南京后写成《金陵的古迹》。著有《涛语》《偶然草》。

一、鸡鸣寺

由东大参观后，步行游鸡鸣寺，缘途张绿树幕，铺苍苔作毡，慢慢地上台山（即鸡鸣山），幸而有两旁的杨槐遮赤日，山间的清风拂去炎热。到了半山已望见鸡鸣寺，隐约现于浓荫中。惠和拉着我坐在路旁的一块石上稍息。望下去，只见弯曲得成了一道翠幕张满的道。赤日由树叶的缝里露出，印在地下成了种种的花纹。在那倾斜的浓绿山下，时时能听到小鸟啁啾，和它们娇脆的笑声，在山里回音，特别觉着响亮！我同惠和、宝珍并着肩连谈带笑地上山去，约莫十分钟时间，已到了鸡鸣寺前，一抬头就看见对面壁上，画着一幅水淹金山寺的图；寺门上有四个大红字是"皆大欢喜"。进去转了有一两个弯就到了正殿，钟声嘹亮，香烟萦绕，八大罗汉里边，

只有两三个穿着新衣服——金装，其余都破衣烂裳，愁眉苦眼，有种很伤心的样子！罗汉中也同时有幸与不幸啊！

临窗为玄武湖，碧水荡漾，平静如镜，苍苔绿茵，一望皆青。远山含烟，氤氲云间，我问庙里的道士，说是"幕府山"。窗下一望，可摸着杨柳的顶头，惠风颤荡着，婀娜飘舞，像对着我们鞠躬一样！湖山青碧，景致潇洒，俯仰之间，只觉心神怡然，融化在宇宙自然之中。我们六七个人，聚在一桌吃茶，卧薪伏在窗上慢慢地已睡去，我们同芗蘅谈到北京东岳庙里的鬼，说得津津有味的时候，艾一情先生说："天晚了，走吧！"我们遂出了正殿，我临走的时候，向窗下一望，已披了一层烟云的雾，把湖山风景遮了起来。一路瑟瑟树声，哀婉鸟语，深黑的林内，蕴蓄着无穷的神秘和阴森；台城的左右，都是革命志士的坟墓；白杨萧森，英魂赫濯；一腔未洒完的热血，将永埋在黄土深处？

二、明　陵

六月二号的清晨，我们由华洋旅馆出发，坐着马车去游明陵，一路乱石满道，破垣颓壁，倾斜路旁，烬余碑瓦，堆成小屋，土人聊避风雨；一种凄凉荒芜景象，令人不觉发生一种说不出的悲哀！行了有三里路，就到了朱洪武的故宫，现在改为古物陈列室。里边的东西很多，但莫有什么很珍贵的；有宋本业寺嘉定经幢，冶山明八卦石的说明：

朝天宫宋为天庆观之玄妙观，又改永寿宫；明洪武十七年，赐令百额朝贺习仪于此，自杨溥以来即为宫观，此石传有四世。又传冶山之清殿下，为明太祖真葬处，石为青石所刻，在美正学堂东北角冶操场，掘得此石。

方氏荔青轩石刻残石，凤凰台诗碣残石，六朝宫内的禁石础。凤凰台碑记，节录如下：

金陵凤凰台在聚宝门内花盏冈，南朝宋元嘉中有神爵至，乃置凤凰里，起台于山中……台极壮丽，凭临大江，明初江流徙去，凤去台在，此碑始出土。

此外尚有多种，不暇细看；有明隆庆井床，旧在聚宝门内五贵桥上。鸡鸣寺甘露井石，铜殿遗迹，系粤匪毁殿时所余，重十八斤，佛十七座。明报恩寺塔砖（第八层），高一尺四寸，宽一尺，为苏泥制，上镌佛像多尊。大明通行宝钞铜板，六朝法云寺铜观音像，清瑞云寺古藤狮像，此系神奇如活现，上坐佛极庄严活泼，刻工非常精细，高约四尺余。此外尚有宋朝刀剑数种，梁光宅寺铸名臣铜像。最令人注意的，就是中间所立的方孝孺血迹碑，据云天阴时血迹鲜赤晶莹，有左宗棠书明靖难忠臣血迹碑记。在此逗留仅二十分钟，故所得甚少。上述皆当时连看连写，惜未能多留，此团体中旅行之不便处。我出了陈列所的门，她们已都上车，芟蘅仍在车旁等着我。一路青草遍径，田畦皆碧；快到明陵的时候，已看见石人石马倒倾在荒草间，绿树中已能隐约地望着红墙。我们下车走了进去，青石铺地，苍苔满径，两旁苍松古柏，奇特万状；有治隆唐宋大碑，尚有美、英、日、俄、法、意六国保存明陵碑；中国古迹而让外人保存，亦历史怪事。正殿内有明太祖高皇帝像，下颚突出，两耳垂肩，貌极奇怪，或即所谓帝王像，应如此。入深洞，青石已剥消粉碎；洞尽处，一片倾斜山坡，遍植柏槐；登其上，风声瑟瑟，草虫唧唧，小鸟依然在碧茫中，为数百年的英魂，作哀悼之歌！

三、紫霞洞

循着孝陵的红围墙下，绕至紫金山前；我一个人离了她们，随着个引路的牧童走去，在崎岖的山石里，浓绿的树荫下，我常发生一种最神妙幽美的感觉。那草径里时有黄白蝴蝶翩跹其中；我在野草的叶上捉了一个，放在我的笔记本里夹着。我正走着山石的崎岖，厌烦极了，觉着非常干燥，忽然淙淙的水声，由山涧中冲出，汇为小溪，清可鉴底，映着五色的小石，异常美丽；我遂在一块石头上洗我的手绢，包了一手绢的小石头。我正要往前走，肖严在后边说："等等我。"她来了，我们俩遂随着牧童去。路经石榴院，遍植榴花，其红如染，落英满地，为此山特别装点，美丽无比。

紫霞洞　摄于 1933 年前

牧童说："看，快到了！"只见一片青翠山峰，岩如玉屏，晶莹可爱！过石桥，拾级而上，至半山已可望见寺院；犬闻足音，狂吠不已；牧童叱之，遂嘿然去。至紫霞道院，逢一疯道人，是由四川峨眉山游行至此；其言语有令人懂的，有令人百思不解的；其疯与否不能辨，但据牧童说："是不可理，说起话来莫有完。"紫霞道院中有紫云洞，其深邃阴凉，令人神清。有瀑布倒挂，宛然白练，纤尘不染，其清华朗润，沁人心脾！忽有钟声，敲破山中的寂寞，拨动着游子的心弦；飘渺着的白云，也停在青峦；高山流水，兴尽于此。寻旧径，披草莱，回首一望，只见霞光万道随着暮云慢慢地沉下去了。

四、莫愁湖

进了华岩庵已现着一种清雅风姿，游人甚多，且富雅士；楼阁虽平列无奇，但英雄事业，美人香草，在湖中图画，莲池风景内，常映着此种秀媚雄伟，令人感慨靡已！

登胜棋楼，有徐中山王的像，两旁的对联好的很多：

英雄有将相才，浩气钟两朝，可泣可歌，此身合画凌云阁；

美人无脂粉态，湖光鉴千顷，绘声绘影，斯楼不减郁金香。

风景宛当年，淮月同流商女恨；
英雄淘不尽，湖云长为美人留。

六代莺华，并作王侯清净地；
一湖烟水，荡开儿女古今愁。

同惠和又进到西院，四围楼阁，中凿莲池，但已非琼楼绮阁，状极荒凉，有亭额曰"荷花生日"，两旁的对联是：

时局类残棋，羡他草昧英雄，大地山河赢一著；
佳名传轶尘，对此荷花秋水，美人心迹证双清。

对面有楼不高而敞，额曰"月到风来"，惜隔莲池，对联未能看清楚。再上为曾公阁，横额为"江天小阁坐人寰"，中悬曾文正公遗像一幅，对联为：

玳梁燕空，玉座苔移，千古尚留凭吊处；
天际遥青，城头浓翠，一樽来坐画图间。

凭窗一望，镜水平铺，荷花映日，远山含翠，荫木如森，真的古往今来，英雄美人能有几何？而更能香迹遗千古，事业安天下，则英雄美人今虽泯灭躯壳，但苟有足令人回忆的，仍然可以在宇宙中永存。余友纫秋常羡慕英雄美人！但未知英雄常困草昧，美人罕遇知音，同为天涯憾事！质之纫秋，以为如何？

壁间有联，如：

红藕花开，打桨人犹夸粉黛；
朱门草没，登楼我自吊英雄。

撼江上石头，抵不住迁流尘梦，柳枝何处，桃叶无踪，转羡他名将美人，燕息能留千古；
问湖边月色，照过了多少年华，玉树歌余，金莲舞后，收拾这残山剩水，莺花犹是六朝春。

江山再动，收拾残局，好凭湖影花光，净洗余氛见休戚；
楼阁周遮，低徊灵迹，中有美人名将，平分片席到烟波。

莫愁小像，悬徐中山王像后凭湖的楼上，轻盈妙年，俨然国色，眉黛间隐有余恨！旁有联为：

湖水纵无秋，狂客未妨浇竹叶；
美人不知处，化身犹自现莲花。

因尚有雨花台未游，故未能细睹湖光花影，殊为长恨。莫愁俗人，或以为楼阁平淡，荷池无奇，湖光山色，亦不能独擅胜概。但仁者见仁，智者见智；胸有怀抱的人登临，则大可作毕生逗留！湖光花影，血泪染江山半片；琼楼绮阁，又何莫非昙花空梦！据古证今，则此雪泥鸿爪草草游踪，安知不为后人所凭吊云。

未游秦淮河，未登清凉山；雨花台草厅数间，沙土小石，堆集成丘；除带回几粒晶洁美颜的石子外，其余金田战绩，本同胞相残，无甚可叙，省着点笔墨，去奉敬我渴望如醉的西湖吧！

（原载《晨报副镌》一九二三年九月十七、十八日，原题《金陵的古迹》）

邱绪平：
明孝陵的卖糖小贩

讲述人生平不详。

中山陵是孙中山的墓地，也是南京的一个名胜，所以每当天气晴朗的时候，就有很多的人去游览。

陵墓在龙蟠虎踞的钟山上，建筑非常宏伟。上边是一层厅屋，国父的遗体就停在这里。下边是宽阔而且高的石梯，看看大概总有好几百级，厅屋石梯建筑得都非常精致，由此可见工程的伟大了。

星期日的早晨，我同几位同学搭了陵园的游览车，人真多极了，大的小的挤满了一车，虽然天气不热，我们已经挤得汗流浃背了。

车子走了一个多钟头才到了目的地，我们一下车来觉得特别轻松，但是，看看袋里的十个面包已经压得不成形状了。

我们一直上去，石梯太多了，爬了一会，休息一会，大概一点钟后才爬到上边。我们进去看了看孙中山的石膏像，因为孙中山的棺材是不打开的，所以没看到遗体。

中山陵　摄于 1933 年前

外边是一些草坪，上边长着松树，太阳光从树梢头喷射出来，照着一些孩子们在游戏。他们是多么的快乐啊！——我心里这么想着，在那边的草坪上又有着一些游客在那儿用野餐，我们也觉得有些饥饿了，拿着面包吃着，我看看他们丰富的野餐，再看看手里不成形的面包，真有些好笑。

"笑什么，别瞧不起，比咱们吃得坏的多着呢!"一个同学这么说。

"对啦！看人家没钱的孩子，不要说面包，连麦饼也吃不着呢！"另一位同学说。

"好了，别说了，我们还是到明孝陵去玩玩吧。"我觉得乏味了，就提议着，他们也答应了。

明孝陵在中山陵左侧下，是明太祖的陵墓，这也是南京的一个古迹，我们玩了一会，就坐在山脚下的石狮石马上谈话去了。

这儿因为是游客歇脚的最好地方，所以小贩特别多，尤其是卖糖的小贩更是多得出奇，有人要买糖，他们就会争得打起架来。

一会儿小贩慢慢地走近我们的身旁，口里不住地叫着："花生糖啊，芝麻糖啊。"

"吃糖吧，花生糖啊，芝麻糖。"他对着我们说。

"没得钱吃不起啊！"一个同学半开着玩笑说。

"哪会没得钱的啊！公道啊，吃一块吧。"小贩说。

我看她口袋里稀稀的几张一千块的破钞票——大概是生意不好吧，所以我们向她买几块，她欢欢喜喜地把钱收了。

"唅！你家有几个人，一天卖点糖就够了吗？"我问。

"哎！"她叹了一口气，好像有说不出的哀痛似的，接着说道："人倒不多，只有我和婆婆两人，妈和爹早死掉了。本来卖几块糖就不够，现在又来了些大个子，一个个比我大四五岁，都是十五六岁的，总把我生意抢去了。"我们看她虽只十岁，但听她的说话，好像非常懂事似的，我们又听她说得非常伤心，不禁也可怜她起来。

恰巧这时来了三个兵大爷，于是她就跟去了，口里仍旧叫着："吃糖吧，花生糖啊，芝麻糖。"

"他妈的，叫啥子嘛叫！"一个四川口音的兵大骂着，大概他们正谈话谈得起劲，被她打断，所以恼起火来。

小贩有些不服，她说："不吃就不吃，骂什么吗？"

"他妈的，叽叽咕咕的，老子非揍你不可！"说着拉着衣服就是一记耳光，哪知这由她祖母补过好多次的破衣竟给这个凶狠的兵大爷拉破了。

"好，你打我，又把衣服拉破了，呜呜呜……"她哭着，望着兵大爷说。

旁边两个连忙拉了他说："老王，不要跟这些小混蛋闹了。"说着拉他走了。

但她仍旧哭着，想到父母的早死，祖母的老迈，自己人小被人家欺侮，更哭得伤心。

但是她尽管哭着，又有谁能知道她的苦痛呢！

（原载《儿童世界》一九四八年第四卷第七期，原题《陵园游记》）

刘锺孚：
雨花台四时皆有胜景

讲述人为南京人，具体事迹不详。

雨花台为南京四十八景之一，夙称名胜，与莫愁湖、清凉山相媲美。客有游于首都者，罔不涉足其间，以饱览美景与凭吊古迹以为快。予家居首都中华门内，离雨花台只隔六里许。以予生性孤僻，暇辄以为宇宙间之良友，莫名胜若。流连其间，既可赏玩自然美景，增添诗囊中之材料，复可呼吸清新空气，以清神志而裨体躯，怀古之情，亦每因置身胜地，往往油然而生，可谓兼数长而俱有之矣。

出中华门才二里，遥睹山阜隆然，突起于前，而蜿蜒盘折，自成一气派者，即雨花台也。抵同善堂，即为该山之麓。山行约数十武，则见荒冢累累，青草凄凄，生则徒作名利之争，死乃同为枯骨之朽，亦可慨已。山中又有一偌大之冢，即癸丑年讨袁之役，革命健儿葬身之所也。时过景迁，谁复凭吊？未几，抵一砖砌圆门，上镌"雨花台"三字，颇挺秀，古石苍碧，犹可辨识。越石门，左旁有明儒方正学孝孺先生之祠。拾级而登，瞻拜方公之遗像，高风亮节，忠义凛然，不禁有感于年来世风不古，人心日偷，拟诸昔贤，能不汗颜！拜别后，复前行，即见第二泉茶舍，中有一泉，水颇清冽。其地筑有雅室，可以啜茗。休憩之余，则见红花数朵，掩映于山壁绿叶间，似含笑而迎人者。而夏日之古藤映窗，野蝉鸣树，亦复弥增佳趣。时则凉风习习，解人烦闷，诚人生偷闲之幽境也。茶毕，偕友陟雨花高岗，遥瞩钟阜如虎踞，巍然屹立，山半有星宇巍然，宛若方城拱抱其间者，即孙中山先生之陵墓也。背陵有赭赤之屋，状类古堡，树木葱郁，隐蔽其中者，即明孝陵也。以明太祖之为人如何，史有专纪，姑不赘述。唯追忆中山先生致力国民革命凡四十年，毕生主张废除不平等条约与打倒帝国主义，以救我四万万同胞于水深火热之中，使其能解倒悬之苦，若而人者，在二十四史中，孰与为俦？北望长江，风帆点点，浮悬于一匹白练似的江水之上，洵美观也。回顾南京城之蜿蜒曲折，城中之屋宇比栉，粉壁连鳞，可见其人烟之稠密，市尘之繁盛，益之以山川壮丽，气象崇宏。而况交通转输之便，于铁路则有津浦、沪宁，于航行则有长江轮舶之往来，水陆方面，了无阻滞。又附以虎踞龙蟠之形胜，文物典章之故京，为首都生色，岂浅鲜哉？至若南望，则田畴纵横，阡陌交错，远山含黛，桑麻遍野，诗情画意，美不胜收。兴趣盎然，直令人有不忍遽舍之概矣。

环山之中，有一古墓，短垣缭绕，碑碣犹存，上镌"明儒方公孝孺之墓"等字者，即方正学先生遗骸埋葬处也。每届夕阳西下，暮色苍茫，凭吊方公之忠魂，抚断碣，摩古松，徘徊其间，倍觉凄然。

　　上述登雨花台所见者，不过风景中之梗概而已。作者生于南京，常偕亲友作雨花台之游，或可幸免走马看花之诮欤。则今兹所述者，实乃其游览该地四时之心得耳。姑书其个中经验于后，以作未登斯台者之卧游焉。

　　时际阳春，风和日丽，山草吐青，杨柳嫩绿，杂以红白相间之野花，顿呈一种美艳天真活泼自然之情态，洵足陶醉一般骚人墨客也。矧惠风和畅，日暖宜人，仰视天空，则见雨花台上，纸鸢竞舞于云霄，为状各殊，花篮也，纸蝉也，蜈蚣也，苍鹰也，纸灯也，绢制美人也，形形色色，莫不争奇斗艳，炫耀于空际。此外则见游春士女，三五成群，喜作郊外之踏青。又有凿土穿岩，寻觅雨花宝石，归以供其案上之清玩者。亦有煮茗于第二泉，纵谈上下古今，幽然而动遐思，致生其怀古之情者，兴会淋漓，则又题诗于壁，以抒情寄意，视为快事。更陟雨花高岗，举目山河，慨然有揽辔澄清天下之志者。是皆登斯台者，所发生之乐趣也。

　　夏日暑气甚厉，骄阳逼人。斯时游客为谊渌暑计，往往携酒肴，设筵于古刹，以飨宾客。或择幽静之地，饱啖鲜果，实行其沉李浮瓜之乐事者。且又有闲眺野景，静聆蝉鸣枝头，借以诉其胸中之不平者。要知炎夏之际，游览雨花胜地，虽不及登牯岭以观五峰之飞瀑，陟莫干山赏玩竹篁之幽邃，游北戴河远瞩沙鸥之翱翔，及海波之激荡，与夫置身西子湖中，驾画舫，近泊三潭印月，以寄其逸兴，然而雨花台畔之一觞一咏，固亦不失人生之雅事也。洎乎夕阳衔山，晚鸦噪林，斯时偕友登雨花高岗，远眺长江，宛若一银白之长练，而悲壮落日，其色鲜红，掩映浮行空际之淡云，优游自得，了无机心，即此一幅天然图画，亦足陶醉人生而有余。

溽暑渐退，凉秋倏来，天高气爽，山色似妆。登雨花台上，则见落叶萧疏，秋光烂然。斯时游人，虽无春夏之踊跃，第节届重阳，首都士女，又喜往雨花而登高。姑不论其是否拘于习俗与迷信，试一念及秋风微凉，景色萧条之际，偕良朋，携野味，择雨花高处，极目大地，赏玩秋景，襟怀高澹，物我皆忘，把酒临风，倚岩高歌，寓豪雄于闲逸，亦人生之乐事也。

时届隆冬，气候严寒。斯时往游雨花台者，又较平常为稀罕。唯予则每值严冬风雪之候，辄喜持杖独往。见夫满山沃雪，皓洁似银，而台畔之老树参差，枯枝槎枒，几尽为积雪所封蔽，而老干之横斜而突出，不畏寒侵，似有马伏波老当益壮之气概，幽独静观，至耐人寻味。乡间之横塘方沼，触目尽见。雪甫霁，阳光直射其上，互相反映，明镜闪耀，庶几似之。犹忆前年大雪霏霏，道涂为塞，予则冒雪独往，携巨杖，佩望远镜，并偕"柯达"情侣，以摄取郊野之雪景，以归作纪念，或值登山临水之顷，诗兴勃发，则借吟咏以取乐。

予每阅泰西轶事，述及西方人士，惯喜作雪中旅行，甚至冒大雪而探险，亦复视为常事，则渠等之心健而体壮，有由来矣。即以彼邦之稚子幼童，亦恒喜于风劲气寒之候，散步海滨，踯躅沙滩，以为乐事。其体格自幼即获得相当之锻炼，及其长成，故亦能耐苦劳而不辞，国又安得而不强乎？反观我国士女，每逢风寒气冽，便以围炉谈话为乐事，或举行消寒会以遣兴者，其不为西人所窃笑者几希。

上述雨花台之游览，胥得之于予个人经验之中，拉杂书成，聊供一般游人之采择，俾知雨花胜迹之安在，并了解于每岁何时往游其地，始确能领略该名胜之真趣也。作者来沪，已有年余，每值抑郁烦闷之际，追忆雨花遨游之时，狂啸高歌，畅饮纵谈，唾壶几为之碎，流连忘返，直若不知人间有愁苦事者。此景此情，仍萦回脑际而不能自已。顾复以事务羁身，未克偕友重登斯台，啸傲烟霞，赏玩景物，徒唤奈何。是则此篇之作，亦聊以首都鄙俗之土人，书其多年游雨花台之经过，以志鸿爪，且借以供后之游者之参考云尔。

（原载《旅行杂志》一九二九年第三卷第十一期，原题《雨花台之游》）

罗光璎：
乘沪宁火车去栖霞山

讲述人生平不详。

西风拂拂地吹来，朝日慢慢地起来，这种优美而愉快的日子，不是我校举行秋季旅行——至栖霞山——的时候么？

我们早上五时起床，洗过了脸，吃过了粥，邀了十几位同学、四位先生，收拾好了行李，往栖霞山出发了。

栖霞山离校约四十里，乘沪宁火车可达，此地正在八卦洲之东南。

雇了三四辆马车至下关，路上寂寞无声，只有马蹄磨着石板的响声及乌鸦的叫寒声罢了，我在车中无聊得很！往外一看，只见红红的树叶及霜铺的草地，要枯不枯地在那里生活着，我不觉长叹道："人生也不过是如此，有什么兴味哩！"这几句却引动了那无情的鸟儿静着听我的话，好像很表同情似的。

正在出神的当儿，车子停了，火车站已在眼前，下车略事休息，见着火车远远地来了，购票上车，人很拥挤，谈天的声音，高出于车轮辘辘之上，经过了好些小站，刹那间已到了栖霞山了。

下车步行，路上高高低低不甚平坦，低处还储蓄许多的污水，四面一望，高的山，低的田，弯弯的流水，好像到了我的家乡，空气新鲜，美景满目，自然界的可爱，更使我发出无限的感想！

走不到一里的路，我们的目的地已到了。看见一寺叫作栖霞寺，寺前有一小池，池中水很清洁而可爱，并有活泼的小鱼游来游去，入内喝过茶，继续前进。

首先到一山下，举目一看，都是许多的菩萨，问问同学，说这就叫作千佛岩。

后来再向前走，满地的树叶，看不出路径来。前面都是深深的树木，那淡黄色的树叶慢慢地从树枝上掉下，好像舍不得她的母亲——树——一样。

走过峭壁，穿过崇林，水秀山清，无穷的美景，我快乐得跳起来了。谁知越前进，风景越好，仿佛登了仙界一般。

进！进！进！居然爬到极顶，看见一座破烂不堪的庙，内中住了两位很老的老翁，好像两位仙人一样。往下一看，一坦平原，还有一道白光，垂流如练，原来就是长江，一二帆船，随着飘风慢慢地来往。

游罢下山，回寺吃饭，吃完了饭，又去游龙潭。人们都说潭内有龙藏着，我很不相信。于是依着原路上去，向东转一个弯，果然有一个很小又污浊的池子。我想：为什么龙能住在这小小的池子里哩？同学把芦干拨着水，他们都说看见了龙，但是我却一点东西也没有看见。后来听见同学说，那些龙长约四五寸，大如手指，色灰黑，有四足，尾长，好像墙上的四足蛇，我听了莫名其妙！

谈谈说说，不觉已是暮色苍然，万家烟火时哩，于是复回车站，乘八时半班车到南京。

（原载《少年》一九二四年第十四卷第一期，原题《栖霞山游记》）

蒋维乔：
栖霞站离栖霞山二里半，步行半小时至

蒋维乔（1873—1958），江苏武进人。曾任国民政府教育部秘书长等职。著有《因是子游记》《中国近三百年哲学史》。

栖霞山本名摄山，在江宁太平门外四十里。以山多药草，可以摄生，故名。又以山形似伞，一名伞山。南齐时明僧绍隐居摄山，舍宅建栖霞寺，后人因以名山。唐高宗御制明徵君碑，碑阴有"栖霞"二大字，可以为证。吾友黄君任之作《栖霞山游记》乃云："南唐隐士曰栖霞，修道于此，故名。"按《江宁府志》五十一卷《人物门》云："王栖霞一名敬真，居茅山修道，唐主加号真素先生。"是南唐隐士栖霞，乃居茅山而非栖霞山，栖霞山之得名，实因明僧绍之建寺始，与南唐之王栖霞无涉，黄君之言，盖未之深考也。余在江宁，先后两游栖霞，今追纪之。

民国十二年十二月二十二日，晨起赴下关，乘八时十分慢车行，经神策门、太平门、尧化门三站，即抵栖霞站下车，时方三刻也。栖霞站离栖霞山二里半，步行半小时至。山有三峰，而中峰独

秀，东西二峰拱抱之。寺在中峰之麓，即南齐时明僧绍舍宅所建，至今屡经兴废，非旧矣。入寺门，有池颇宽广，名石莲池。唐高宗所制明徵君碑，圮卧于地，碑文则完好如新。寺之大殿，只有基址，洪杨乱后，尚未兴复。至后殿旁屋，小憩啜茗。寺僧出为招待，余嘱令小童引路登山，循寺左西峰而上。有舍利塔，为隋文帝所造，高数丈，有五级，镌琢颇工。塔前有接引佛二尊，其后为千佛岩，随石势高下凿龛，中琢佛像，或一尊，或三尊，或五六尊，或七八尊，大者高丈余，小者四五尺，雕刻精工，于美术上有殊胜价值。按江总栖霞寺碑：明僧绍之第二子仲璋，为临沂令，于西峰石壁，与度禅师镌造无量寿佛！齐文惠太子及诸王等，皆舍财施于此岩阿，磨琢巨石，隐拟法身，此千佛岩之所由来也。岩之顶有一龛，贮金佛，曰飞来佛。又有纱帽峰，块石突起，顶平如纱帽，故以名峰。

循西峰之涧而上，渡春雨桥，得一泉，名曰白鹿泉。相传昔时天旱，土人逐白鹿至此，得泉，因以为名。再上数十武，石壁间镌"试茶亭""白乳泉"六大字，亭则唯余荒基，泉亦久涸，只留其名。自此而上，至半山，有平坡。昔时驻兵处，尚余残垒。旁得一池，曰饮马池。望见最高峰之顶，红墙宛然，导者曰：此三茅宫也。鼓勇登之，约六七里，至其巅，则豁然高旷，前视诸山如培塿，后临大江之黄天荡，风帆点点如叶。江之两岸，筑围为田，作方罫形，弥望皆水田也。久居城市中，至此胸襟开拓，尘虑尽涤矣。宫中供三茅真君像，有一老道居之，客来则汲水煮茗！余在此稍憩。

栖霞山隋塔　摄于 1930 年前

十一时，自最高峰而下，有岩石奇峭如截，中通一线，曰天开岩。岩之左有小屋，中贮禹王碑，字皆岣嵝文，乃大禹治水成功，书于南岳衡山者，明代杨时乔重刻于此。复曲折而下，至一平原，导者曰：此清高宗之御花园，然亦无迹可寻，唯见石壁上镌"云片"二大字。对面山石嶙峋，高高下下，有二大石夹立，中通一径，自径斜行而上，得一线天。一线天者，有一大石如圆锥形，中空若龛，顶通天光，故名。自此而下，将至山麓，有巨石矗立，下临小涧，旁有石桥可通，名桃花涧。过涧数十武，有石层叠立，高低如浪，名叠浪岩。自岩折回，至西峰之麓，有泉名珍珠泉，甚清冽，取之不竭，寺中饮水，悉取于此。

十二时，回栖霞寺。登山由寺之左，循西峰而上，归时则由寺之右，循西峰而下。在寺午餐，且向寺僧索《栖霞山志》阅之。午后二时，乘快车回南京。

民国十五年十一月二十一日，自宝华山归，宿于栖霞寺。翌晨，赴甘家巷访梁碑，归后复游千佛岩。寺之景象，与前不同，昔年仅有殿旁小屋数楹，今则殿后藏经楼已成，大雄宝殿，亦正兴工建筑。殿之右有新造碑亭，明徵君碑，已兀立其中。唯千佛岩之石像，寺僧因爱护之故，悉以水门汀涂附之，且以朱施唇，以墨画眼目，致造像原形，完全失去，殊为可惜，甚矣寺僧之无识也。西方三圣殿中，有一石观音头，据寺僧言：此在千佛岩为人窃砍以去者，为日本人某所得，藏于家，曩岁遭大地震，某之左右邻居，悉被毁，唯某之家宅无恙，夜梦石观音显灵云："余乃栖霞寺千佛岩中之大士也，今护持汝家，汝应将余头归原处。"某遂发愿，于某年月日，送还寺中云。

（原载《民众文学》一九二七年第十六卷第八期，原题《栖霞山纪游》）

燕子矶　摄于 1925 年前

叶祥法：
牛首山上可以过夜，以玉梅花盫最为洁净

叶祥法（1903—？），江苏六合人。早年先后就读于金陵中学、金陵大学。曾任南京私立吕明中学校长、江苏省文史研究馆馆员。

春牛首，秋栖霞。居在南京久的人，大概都听到过这两句话吧。可惜今年南京的春光，早被连绵的春雨温透。近十几天天儿总算晴稳，我于是决定作牛首山之游。

牛首山在中华门外，距城约有三十余里。山的周围约四十余里，高约一百四十丈，与孙中山先生陵墓所在的钟山相等。这山在六朝的时代，是一般文人学士游憩之所。在宋朝的时候，岳飞曾在此设伏，破过金国的大兵。山有两个山峰，对峙着如牛之首，所以后来人都叫它作牛首山。它的本名叫天阙山，至今仅有东边一个山峰叫天阙峰了。山上古代建筑物原来很多，唯以年久失修，又经了几次大乱，除了一座唐塔巍然独存外，又谁能在这满眼青松绿树里，把往日的陈迹都一一指出来呢。

往牛首山唯一的大路，有新筑成的京溧大道。这是京芜公路上

一条支路，去的方法以骑马骑驴为最适宜，其次就是坐汽车（此路尚无长途汽车），再其次为足踏车、马车。至于人力车与步行，终太嫌吃力。我这次是骑马去的，在马上左右顾盼，大有"一马离了西凉界，青的山，绿的水，花花世界"之概。

我是上午八点半钟雇车到中华门外，就有很多驴夫、马夫来兜揽生意。不过他们因为同行多，竞争得很厉害，结果把客人包围起来。那时我只有一言不发，让他们乱嚷，最后还是警察先生看了不过意，才替我把围解了，并承他美意，代指定一个马夫，这问题才算解决。

马夫牵过一匹白马。与其说是白马，倒不如说是斑马来得确当一些。因为马的周身全是泥斑，加以配上方从尘土里取出的马鞍，更叫人一肚皮不想骑。但不骑又怎样办呢，要知中华门外的驴马全是清一色啊。

九点半钟正式出发，走尽中华门外的马路，向西转弯就是京芜公路。大约有二里路的光景，到了安德门，再转向西南，就上了京溧大道。越了几个小岗，到了石子岗，岗极陡，乘车者至此都要下车，而后再把车推过去。骑驴骑马就不用这一着。不过在岗的一侧，是一大山谷，骑在马上就是不下来，心里总是有一点战战兢兢。公路局本想把这岗修平了一些，但因工程太大，只得罢了，所以这或许是许多人不愿游牛首山原因之一吧。上下岗马蹄常被滑倒，尤其在下岗的时候格外如此。再有二三里就到了一座桥，桥是新筑的，尚未竣工，所以不得不下马一次。再有数里，至铁心桥。

牛首山弘觉寺塔　摄于 1930 年前

铁心桥是一个小镇。桥以铁心名之，当然有点来历，但我向当地人打听一下，得到的回答更神妙莫名。桥在镇之南端，镇中有旧日的戏台，有团练，有茶馆，一切的一切，还保存中国古老的风味。

过了铁心桥，道的两侧的风景，也格外绮丽了。一层层的青山，一湾湾的流水，翠柳丛里，错杂着茅舍三五，使人看了胸中很自然地开爽。可惜因为天下雨来迟了半个月，不然更是满野桃云杏粉，风景当然格外美艳。又十里，我看到一个小山前有一处坟墓，墓前有亭，有石柱，一时好奇心起，马缰一带，顺着小径到了墓前的石坊下马。

石坊已经倒在地下，坊后有石华表一对，立于路侧。再过去为一砖砌成的小亭，亭是四方形，长宽高几乎相等，大约有一丈余。亭里有一大石龟，背上驮了一块大碑。我爬上去把碑文读了一遍，方知道这是明武宗正德年间一个太监名郑强的墓。此碑是正德三年的圣谕碑，碑文把郑强说得如何忠如何顺，但却无一句脚踏实地的话。郑强仅一太监，能邀这位妇孺皆知的游龙戏凤的正德天子如此眷念，其中定然有一番道理，惜哉正史无有纪载，叫小子实无从说起了。又二里，到了牛首山的山麓。

登山的路有两条，一条在山前，一条在山后。山后的路比较迤斜一些，可以骑马上去。山前的路比较宽阔而平坦，不过因为陡直，故只能步行。我因为以前都是由山后登山，这一次特地改了一下，将马拴在山脚下一个农人家的树上，一步一步地走上去。山径两旁的草丛里开遍了不知名的野花，白的、紫的、黄的，颜色配合得如同一幅锦绣展开着一样。山上的小树上，有一种春蝉，体长仅有八九分，伏在树干，咭呀咭呀叫个不住。因为为数太多，几乎把一座山都叫得摇起来。我顺着山路，若有三里路，到了山门。门里有石级数十层，苔痕满布，所以走时很滑。以前的人称这石级为白云梯，又称之为天盘岭。前一个名称在山云低的时候，走一走确是恰当，后者未免太夸大了。石级旁有很高的栗树，这时都把翠绿的嫩叶，在枝头舒展开来。石级尽处为高台，沿着台旁的路上去，为普觉寺，即就梁之宏觉寺遗址改建的，寺的规模殊小。前为大殿，内供如来像，两侧为十八罗汉。大殿地下，晒的是松实（做染料用的），这样的气象把佛们的面上，都染上不少乡气。殿后又有一佛殿，四壁画诸佛像，画工粗俗，不值一顾。寺之左为造林办事处，右为石级。循着石级，走至一座塔前，这就是我在前面所提过的唐塔。

塔建于何时，因未查志书，不能有确切的答复，平常人都叫它为唐塔。塔高约有六丈，凡七级，各级有门，门外尚有栏杆的遗痕。塔中心已空，几为野鸽所占满，遗矢满地，所以走进去的时候，有一股臭气中鼻欲呕。再前行，又有石级数十层，登之至观音洞。洞前有小筑一间，山僧居之。洞旁有石梯，上为兜率宫，又名舍身崖。岩上有石塔一，崖旁有石栏，相传为铁板道人舍身成道处。铁板道人为谁，和尚不知道，我也不知道。据崖下瞩，心悬悬欲坠，因为崖下就是三丈高的峭壁。下了崖，在洞前小憩，山僧以茶进。我因为游兴正浓，就请他把茶放在桌上冷着，又走出洞门。由塔侧折向东，依山道走上去，若一里路，至天阙宫，屋的一角已倾，中供三茅真君像，再上为山之东峰之巅。这时约午后一时余。顶有小砖塔一座，为五年前所筑者。我坐在塔旁一石上，纵目四眺，江山尽收眼底，钟山及城垣亦隐隐可辨。对峰为西峰，苍松一片，吼声有如怒涛。我在东峰顶坐了一刻，又走到西峰。

我认为牛首山最幽静，同时也是最雄壮的地方就是西峰。不过因为此峰松林云密，乱石狰狞，又无山径可以遵循，故游者往往裹足不前，这未免有负名山不少。

西峰之全部，几全为松林盖满，松枝间有鹰巢，鹰见人来，上下惊飞，啸然长鸣，震空欲裂。松下多怪石，伏于疏草间，聚然看去，极似狼豺。有几处乱石堆成像战壕样的，这是矿道。此山本产铁，唯以产量不多，又开采多用土法，故经营之者，损失极大，近几年来已无人提起了。我顺着矿道，攀藤跨石，很小心地在四处走了一趟。因为这时已经是下午两点多钟，肚里有点饥肠辘辘，又因为四周的空气太严肃，不敢久留，于是回到观音洞。

和尚替我下了一碗白面，又捧出两碟素菜。我因为肚里太饿了，也辨不出菜味如何。这时适有人携来白鸽十数只，在洞外飞放，嘤嘤的声音，忽远忽近，殊堪悦耳。我且啖且听，为状至乐。吃罢，倚窗眺望山色，轻云数卷，晴岚一片，使人已不复作人间想。山下翠柳池塘，茅舍水田，满眼尽是和平的景象，几使忘了在老远的北方西方，正有无数同胞，在刀光炮火之下，把血肉的身躯，向敌人猛扑去呢。

玉梅花盦在观音洞下。我从塔旁绕过去，那里有精舍三间，中供清末名士清道人像。道人姓李讳瑞清，江西临川人，清末讲学东南，从之游者多为时下知名之士，殁后葬在此山下。这所精舍是他的友人同他的弟子醵金建筑以为纪念的。

玉梅花盦之后，为罗汉泉。泉为一小方池，一转用石栏围着，泉水极甘冷。在泉的后方同右方，为很高的峭壁，上面刻了几个约有五尺高三四尺宽的石窟。石窟壁上刻有很多小佛像，最下面一个石洞里，刻的是文殊像，佛身有二尺多高，青色的苔，已把佛像盖满了。

离着天阙宫屋后不远的地方，还有大石一块，上面有几个小洞，洞里有水，终年不竭，相传是梁昭明太子洗砚的地方。真的假的，谁能证明。

这时已经是五点多钟。我下了山。在马蹄得得声中，踏着将落山的夕阳，结束了一日的游程。

结束了本文以后，我还有几句话要说。牛首山在南京有两处，一处在雨花台左近，为求易于分别起见，平常人就名之为"牛头山"，山不大，没什么可以看；一处就是我在本文所说的牛首山。再有，游山的人，最好自备食物。山上虽然有东西吃，但总不如自备的好。山上可以过夜，住的地方以玉梅花盦为洁净。然风景则以观音洞为最佳。南京雇马的地方共两处，一处在城北十庙口，价钱是一天五块钱，还有一处就是中华门外，价钱只有一块半。不过价钱巧了即没好货，而且太污糟，所以我觉得还是在十庙口雇最好。当然如果能借到军马，那是更好。此外汽车自行车，也可以算是很好代步的工具。

五月十三日记

（原载《旅行杂志》一九三三年第七卷第七期，原题《牛首山之游》）

钱贯之：
汤山戴季陶之望云书屋沦陷时为敌人所毁

钱贯之（生卒年不详），江苏无锡人。抗日战争全面爆发前任南京精益铁工厂经理、南京铁业同业公会主席。1946年创办《南京工商日报》。此后历任南京市参议会参议员、全国工业总会理事、南京治安维持委员会委员。

汤山居于京市东郊，距城五十七里半华里，道经孝陵卫、马群镇、麒麟镇坟头村等地直达。沿途山青水秀，颇饶逸趣，该镇有商店五十余家，居民一万五千六百余人，分为十保，前属江宁县管辖，今已划归京市区域，并已设立第十三区区公所。交通方面，有长途汽车，往返京汤间，每日开行三次，尚称便利。

回忆战前余因酷爱汤泉之水清洁而温暖，其水由山中来，出于天然，常偕二三至友，前往游览，引为乐事。迨抗战军兴，家乡沦陷，乃将经营之精益铁工厂全部器材，随军西撤，以免资敌，辗转后迁，历尽艰辛，不辞远涉。胜利归来，屡思重温旧梦。日前应友人之宴赴汤，宴毕遍游诸名胜：

一、汤王庙，内有东瓯王汤和神像，该庙建于明代，历史悠久，现为军队驻扎，游人不便入内，甚为惋惜。

二、胄王山，有方丞相坟墓在焉，凭吊良久。

三、珠砂洞，内有滴泉，水清而甘，游人常以瓶储水携归煮茶。洞甚深，黑暗无光，相传内有大蟒，洞可通至镇江，此无稽之谈也。

四、坟头村，珠山北边有大石碑一座，长有十余丈，宽二丈，高三丈，建于明朝。以人工凿成，工程浩大。据云为堵塞后宰门之用。古迹之外，原有戴季陶先生之望云书屋，建筑富丽堂皇。在沦陷时，惜为敌人所毁，现成一片瓦砾之场。凭吊废墟，不胜沧桑之感。

是处计有温泉六处：一、在陆军医院内。二、主席官邸。三、陶庐，原为士绅陶保晋所有，陶以晚年失节嫌疑，现已失去自由，殊深惜之。四、政府所用之俱乐部。五、汤泉为地方公办。六、民众浴室，男女各一，不取浴资，民众随时可以入浴。水之热度甚高，初入池时，几不能探足，水分含硫磺质，可治皮肤病。

余此次游汤山，时间二三小时，可称走马看花，回首前尘，漫然记之。

（原载《锡声》一九四七年创刊号，原题《汤山记游》）

第二编

饮食男女

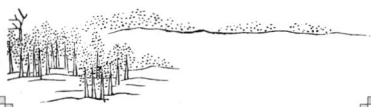

德 培：
南京婚俗中的那些老规矩

讲述人生平不详。

下聘情形

男子欲求娶妇，先探听某女子品性确实后，自认为可以为妻子，然后托女家亲友说媒。但说媒有一次不成，往往说二次三次的。一经女家允许了，先开女子生庚八字交媒人带到男家，请一算命先生推算女子八字有无破败，有无包胎桃花的犯忌。若有，则认为八字不好，即请媒人退庚。若八字合上了，则放在家神上，过了七天家中人不吵嘴，不死牲畜，那就认为女子八字无刑克，就可择期下聘了。先由媒人征求男女本人有无异议，若未见过面的，多由媒人设法请女子吃酒，男子在中途窃看。有时媒人又叫女子看男子，使他们互相知道是未来的夫妻。或由公婆姑嫂去女家看人的也多。男女先行说好，再求媒人向双方父母做媒的亦有。

下聘多用大红全柬帖子，聘金由五十元起码，多至千元的也有。衣料至少要两套，金玉银子首饰，至少要四行，镯子、耳环、簪子、戒指，稍有家财的，必有八行首饰。敬神的礼物，不外鸡鱼肉海味山珍，纸炮香烛，笔墨茶点果品。聘书要写男女的生庚年月日时，写庚的先生，大抵是请一位知道古礼的，才免得弄坏规矩。女家收受聘礼后，照例要回答一些礼物，帽子、鞋子、袜子、衣料、裤带、扇子各样都要，笔墨更不可少。

嫁娶情形

男家先把婚期择定了，请媒人告知女子家长，某月某日娶亲，间有女家不同意，请求缓期的。只要女家同意了，男家即要备办被盖罩子，和新妇用器。普通嫁女，一针一线不花，完完全全要男家担负，这是南京的特种习惯。其他省份则不然，不怕贫穷极了，嫁女的时候，或当或借，都要办点妆奁，才不使亲友见笑。有些省份以受聘金为可耻，在南京却大不相同，到了喜期，只把一个女儿嫁出去就算完了。

出嫁前几天，还是请亲族朋友来吃喜酒。女子前几天就要哭嫁，父母嫂姐帮着哭的很多，都是舍不得骨肉分离的意思。并且前三天即少吃茶汤和饭食，以免出嫁那天小解困难。嫁期前一天沐浴梳头，修面，但要请一位女尊长，有福气的太太来开脸。坐的方向，择期先生早为预定好了，如说坐东向西子时梳洗，那就不可坐南向北丑时梳洗的。梳头太太，男家是要备个喜封酬劳她，从前是两百小钱，如今是两元大洋了。女子梳洗完备，把衣服穿好，静待花轿来娶去。

男家视距女家路程远近，若是四五十里的女亲，那就要早一会去女家过礼。娶亲礼物，鸡鱼肉三牲和海味花红火炮香烛不可少的，衣服首饰也要一些，茶点果品越多越美观。新妇乘轿，乡间多用骡轿，山地则用四人抬轿，城内有用骡轿，有用汽车的。轿子前方，有持国旗的，有大锣大鼓吹古铜号的，有用音乐队的，总之，五光十色，五花八门，新旧难分了。

新妇未到男家门时，就请一位古礼先生来回车马，请一位老成知礼的太太来导新妇，叫一位厨师来祭花轿。一盘盐茶米豆，一对大灯和香，见花轿到了，把香烛燃好，厨师手持菜刀，把雄鸡杀了，围绕花轿一周，把雄鸡血洒在地上，名叫作祭轿。回车马的古礼先生，此时右手握着盐茶米豆，口中喃喃念语，大约是"日吉时良，天地开张，新人到此，诸仙诸神诸煞回避，姜太公在此，大吉大利……"一类的神话，一边念，一边把盐茶米豆，撒在花轿上。

领导新妇的太太，见把车马回过了，才去把轿门打开，把新妇新郎领导至堂屋，先向天地行四跪八拜礼，然后向祖宗神位行四跪八拜礼，夫妇对面行交拜礼，大抵要新妇向新郎叩一响头，新郎则还她一揖。这有个说法，若是新妇交拜不叩头，那她就存心不服从男子了，以后做丈夫的就难管束她了。有些女子硬不叩头，弄来许多女客去搬她的脚干，很野蛮地把她搬下去叩一个头，并闹来哄堂大笑。这是何等不平等的事呀！拜堂完备，始进新房中休息，除去头上盖红和红衣红鞋子，更换衣服，或从新打扮一下，再到堂屋拜堂。先向祖父母和父母尊长拜，次及平辈亲友，但是受拜的人，必须要赏些拜钱，不能白拜的。许多亲长拉不去受拜，好事的来客们，只有叫出："不拜也可以，快些把拜钱送出来吧！"有些兄弟妹子侄儿来倒拜，那就要新郎新娘赏钱给他们了。

打洞房

到了夜间打洞房，先由一些女客代新妇铺设床帐，她们十有八九都喜欢恶作剧的，把各草弄些死结子，放在床铺中间，把床心弄来像鱼脊背一样，她们边弄边说四言八句："床草几哈哈，儿子一把拉，中的中状元，点的点探花……"新妇和新郎照例要去向来客敬三杯喜酒，有些客人故意要刁难新妇，说出许许多多俚语，使新妇难堪。又有把新妇花鞋取下卜卦的，还有用鳝鱼放到马桶被窝中的恶作剧，任便如何，新妇不能开口骂人，常有新妇因面浅而哭泣的。

待夜深人静，新夫妇睡觉了，他们和她们，才到房外窃听，名叫听房。他们弄些火炮由壁缝放进洞房，只要新夫妇的床有点音响，他们和她们就把火炮放燃，乒乒乓乓响着。他们的掌声和炮声并起，狂叫一些"开张鸿发，大吉大利哟"。有些表亲兄弟们，次日问新妇要喜帕，有的婆婆来要，若是新妇没有喜帕，那就怪难为情了，从此夫家的亲友都说她非处女，都要轻视她一生了。

改革婚俗的意见

我国婚俗，五花八门，新旧参差；国府亟应特颁婚制，禁止娶亲的聘金和繁冗的手续。集团结婚本好，但每不适合于乡村的平民。打洞房的恶作剧应当禁止，强迫女子向男子叩头的礼俗更不该存在。买卖式的婚姻各地很多，有女儿的父母们，往往把女儿当成奇货可居。因此十七八岁的红花女儿，往往配上一个年已半百的老翁，以致演出人间种种不幸事件。男女相差的年龄，应当由国民政府规定一下，古时男子三十而娶，女子二十而嫁，男女年纪相差十年，那是很合宜的。在南京一般人的婚俗尚如此不合理，内地婚丧礼俗的不合理，更可想见了。

（原载《新运导报》一九三七年第五、六期合刊，原题《南京的婚俗》）

陈家寿：

南京人搬家先"过火"

讲述人生平不详。

"过火"是指南京人搬家时必须要"抬炭"。天无论如何热，必得用人抬着炽炭的火盆。考其用意，是表示去旧来新。"过火"时间，多在快将黎明即便起行，就好比是有越走越亮之希望。送火，接火，也有一定规矩。送火时，需请寡妇（即无夫之妇），表示永久有富之意。接火时，则需请处女（即未出嫁之女子），表示整个完整无缺的意思。还有一处，等到送火的人进门时，必需用酒向火上浇去，火见了酒，需要上升，但是火越升高越表示吉利，否则即不吉利。南京人的迷信，真可算多极了。

（原载《南京人报》一九四六年八月二十六日，原题《南京人过火》）

恨　生：
婚丧喜寿必"拉网"

讲述人生平不详。

南京流氓，俗曰"混世的"，终日鬼混于世也。个中人曰"窝辈"，窝者家也，流氓悉清帮分子，清帮称进帮曰进家，"窝辈"即一家人也。每年秋季，散帖请客，借故敛钱，俗曰"打秋风"，盖风起，打他人主意也，个中人曰"拉网"，客犹鱼，网之获利。婚丧喜寿，固"拉网"好题，否则，亦必巧立名目，不曰侄子娶亲，即曰甥女出嫁，实则均无其事。请客之先，散帖约期，帖以五寸长、二寸宽之红纸书成，个中人名帖子曰"页子"。"页子"不一定散亲友，凡能散者散之，亦不一定相熟。如在夫子庙"混世的"设"拉网"，则夫子庙之歌妓及商贩均为能"散页子者"。受"页子者"，必如期送礼，一律现金，设送物品，则是挖苦人矣。礼金之多寡，胥视"拉网"者之场面大小，如往饮食，礼金则须加倍，否则不够味也。

设受帖不理，而又无势力，场面大者，必指使"徒子法孙"，借端生事，非赔不是、补礼金不得了也；场面小者，无人供指使，则亲自出马，当面质问，曰："人抬人，无价之宝，兄弟我有何处得罪你，请你不到，是何缘故？"若立补礼金，则曰："对不起，对不起，蒙你老哥捧我兄弟的场。假如有什么事，尽管对我兄弟说。"不然，不论如何婉言，亦难荷其谅解，设一语不合，登时反脸，肆口漫骂，继则动武，若有大仇深怨者。

南京城内"混世的"，无处无之，亦无一人不"拉网"。而公门中人，亦有"拉网"者。其"散页子"也，一如混世的，不问生熟，只论能否，而被目为能者则苦矣。八九月间，为"拉网"最多之时，一日受"页子"十余份则属常事，既不敢不送礼金，复不能厚张而薄李，本短小店，往往有受累匪浅者，最是害人。秋风起矣，拉网时届，治安当局亦有以注意及之乎？

（原载《南京人报》一九四六年八月二十六日，原题《拉网》）

耀　生：
秦淮河畔带着南京魂的茶馆

讲述人生平不详。

每个城市里都有茶馆。就是一个小小的村镇吧，杂货店尽可以阙如，而茶馆差不多是必备的。一个地方的形形色色，各种各样的荟萃，恐怕除了到茶馆去作巡礼之外，再也没有别的适当的所在了。

在南京，大人先生们吃咖啡和红茶的地方不算，听女人唱曲子，又叫你看她的脸蛋的又给你茶吃的地方，也不在此数。我所说的就是在这条从古便有而且到如今还四远驰名的秦淮河畔，夫子庙的左右，贡院的近边，一座一座旧式的建筑物，或楼，或台，或阁，或园……都是有着斗大的字的招牌，有奇芳，有民众，有得月，有六朝……这些老的、道地的带着南京魂的茶馆。

喝茶，并不是我所好的一件事，不过这些古雅的招牌，确曾给我一种诱惑和玄想。如果有人对我说某爿茶馆里还留着一个当初朱洪武喝水用的粗大碗，或是某一个朝代御厨房里的破抹布，我都会

茶园　摄于 1910 年

相信而神往。即使买一张门票进去看看也无不可的。不过这与喝茶是截然的两回事，也许有一种考据癖的人，为考据考据某一块招牌的来历、馆主人的底细，竟走了进去泡一碗茶吃，那就不在此的了。

进茶馆的人，起码是要求一点自由自在的，像北京的茶馆里要贴上"莫谈国事"的红纸条子，那是一种限制。反过来说，也未必不是给人一种方便——国事者国是也，张三谈它，李四论它，混淆听闻，免不了捉将官里去，便惹得大家麻烦了。这里的茶馆倒没有"莫谈国事"的限制，不过走进门来，却常常碰见八个字，"本社清真，荤点不入"。

其实，上茶馆的原无须谈什么国事，谈国事的差不多是老爷，老爷们又无须上茶馆了。上茶馆的如果只要不用荤点，那么在教的可以来，出家的也可以来了，大家都得着了方便。上面那八个大字，实际上恐怕还是以广招徕的一种作用吧。

茶，从早卖到天黑为止，客人总满座，并且像川流般的一刻也不停息。上午九十点钟和下午三四点钟的光景，茶馆简直成了蜂窝，那么多的蜂子向里头钻，又那么多的蜂子朝外边挤。到了星期日便更热闹起来，如果用譬喻，就只好说蜂群和蜂群打起仗来，蜂窝的情形你再想想看吧。

在我的最无聊的日子中，我有时也做了一个无头蜂子似的向外边飞，嗅着了那有着雪茄烟和脂粉香的"高贵"的地方连连打着嚏喷回来，撞着了窝一般的地方，便把自己当作了他们的一员了。

听见了嗡嗡不绝的声音以后，我不但觉得神情自由自在起来，而且立刻有些飘飘然了。坐定了，我看见壁上挂着两块横额，"竹炉汤沸""如听瓶笙"，典故我懂得的极少，因为茶馆进了几回，对于这两块横额上的句子的意思和出处，仿佛才渐渐领会了一点滋味。我拿蜂窝比茶馆的情景，也许是太俗太伤雅了。

楼上喝的大约是"贡针"，每碗小洋七分，楼下的便宜一分，不知道是不是因为茶叶稍次一点的缘故，或者故意地以一分小洋作成一个等级。我以为等级不等级的倒算不了一回事，怕上楼的人不还可以省一分钱？正如同近视眼的人去看影戏，你请他坐在后面他反不高兴似的。

无论楼上或是楼下，茶房对于客人的待遇却是有着一种显而易见的记号。不在乎的随他，不懂得的也就根本无所谓了。

这是由我的观察而来的。（我可没有看过什么《茶经》，我想《茶经》上也绝不会有这种记载或分类。）在同一个茶馆，甚至于同一个茶桌上面，我们可以找出三种不同的茶具：

一、紫色的宜兴泥的壶泡茶，大红盖碗或小白杯子喝茶。

二、大红盖碗泡茶，大红盖碗喝茶。

三、大红盖碗泡茶，小白杯子喝茶。

这三种不同的茶具，大约是代表着三种不同性质的茶客。第一种是老而又熟，来得也早，差不多还是上午下午都到的主顾。第二种则不外是熟人，资格虽不见得比上边的那种老，但在地面上或许都有些为人所知的条件：当杠夫的头目也罢，当便衣的候补侦探也罢，当鸭子店的老板也罢……因为事忙不常来，来时又迟，宜兴壶分不到他的份上，于是把泡茶的大红盖碗给他当吃茶的杯子，不能不说恭而且敬了。第三种便是普通一般的茶客，为喝茶而来，渴止而去。

除了第一种而外，其余两种的大红盖碗底下，都配着一个茶托子，这托子的用处并不专在托茶，它还附带着是一种账目的标记，如果账目已经付清，那么它也就被拿走了。在这种约法之下，我想，倘使有人把这茶托子悄悄地带走，白吃一次茶，叫他无证可据，倒是一件歹人的喜事哩。好在这种歹人或许并没有，否则真是"防不胜防"了。不过把三种茶客比较起来，后两种的信用，在茶房的眼中恐怕总不会比上第一种的。他们用宜兴壶泡茶，而壶底下压根儿也不曾有过一个什么壶托子的。

虽然是茶馆，但变相的也可以算作一个商场。吃的东西有干丝、面、舌头形样的烧饼、糖果、纸烟……用的东西有裤腰带、毛刷子、捶背的皮球、孩子们的玩具……还有，那一只一只黝黑的手，伸到你的面前，不是卖的，你拿个一分钱放在那手的中心，它便微颤着缩回去了。你愿意顺着那只手看到他的脸吗？你将看见什么呢？正是当着你的所谓"茶余饭后"，那一道一道从枯腐了的眼睛里放射出来的饥饿的光芒！你诅咒他吗？你也知道他在诅咒着谁吗？……

有一次，有一个人问我要不要好货，说着，他小心翼翼地打开一个提箱，提箱里又是几个包来包去的包儿，结果拿出了一副一副眼镜子。

"你看，真水晶，平光，只卖十二块钱一副，再公道没有了。"

他看我不作声，眼睛不住地盯着他，知道我的眼睛不像戴眼镜的样子，转身又走了。卖眼镜到茶馆里来，我感觉到上了馆仿佛是一件颇需明察的事了。

卖眼镜的既有，还可惜没有看见人来镶牙。

此外，卖报纸的特别多，卖耳挖的也不少。

在茶馆里最好懂得当地人的话，然而乱轰轰地实在也听不出什么。像"哥儿""摸儿"这些最普通的单语，我转了很久很久才晓得是"今天""明天"的意思。还常常听人说"球竿""球竿"，我怎么也不懂得"球竿"为什么是能够吃下肚去的东西。问了南京人，解释道："就是秋油干。"我依然莫名其妙，等把那所谓"球竿"的东西给我认，我才知道就是旁处人所叫的五香豆腐干而已。

在茶馆里，留心一点旁人的举止，对于自己也是有乖可学的。有一次一个邻座的茶客啰啰嗦嗦地说："……太难了，鼻子怎么也不能大似脸的，鼻子还能大似脸吗？！"

此后，我知道茶资七分，小账顶多也过不去七分了。茶房历来是贪多无厌，我心里已经记住了这样的俏皮话，将来足可以对茶房如法炮制了。

好在我也不想喝他们的宜兴壶或大红盖碗，我这个茶客是可有可无，算不上数。不过要真的把鼻子撑得像脸那么大，甚至于比脸还大时，我想那宜兴壶和红盖碗在茶房眼光中又是可有可无，算不上什么了——他们自然而然地会把你标志上第一二种的好主顾，把那紫泥壶和红盖碗端在你的面前了。

（原载《中国文艺》一九四〇年第一卷第六期，原题《南京的茶馆》）

佛　茜：
新奇芳阁是南京人喝茶最热闹的地方

佛茜（生卒年不详），1943年曾在《新都周刊》连载《新都话旧录》，记述南京的名人轶事。

南京喝茶之风，向极盛行，所谓早上皮包水，晚间水包皮，就是指喝茶洗澡而言，这几乎是必要的生活条件。夫子庙就是喝茶的集中地，大禄茶社号称为维扬细点的翘楚，于右任先生就是一个老主顾；新奇芳阁和六朝居是本地人喝茶最热闹的地方，吴稚晖先生是这两家的老主顾。此外，金陵春、万全、海洞春、绿杨邨这几家，在秦淮河夙著盛名。金陵春有一厅堂，题曰"停艇听笛"，这里是文人集合之所，像杨天骥、高友唐都是无日不到。在甘介侯、朱朴之到南京的时候，也到大禄一连喝了多少天的茶。后来苏式细点流行到南京，有全家福等等的创设。可是这个煮干丝，就不分苏式扬式京式，家家都特意精制。后来逐渐蜕化而为茶室和咖啡馆，丹凤街的美的咖啡有四位女侍，一时颠倒了不少名士和当代闻人，从最新式汽车到老爷汽车，每天不断。夫子庙的好莱坞继续兴起，几乎作为秦淮歌女会客谈情之所。许多真正喝茶之地，逐渐变得门可罗雀。一直到鼙鼓动地，只有新奇芳阁和六朝居还是门庭如市。今日再回首南京的茶市，也不免有盛衰历尽话沧桑之感。

狄膺是什么地方都要去尝试口味的人，据他说，南京茶点最好的地方，要推中央大学旁边的一家茅屋中的无名茶室。他们每天售三小时的茶点，过时不候，座上客有中大的男女学生，有达官名士，有贩夫走卒，吴稚晖、张乃燕、楼桐孙都常常到此，赞不绝口。蒋梦麟和陶曾毅女士在热恋的时候，也到此茶点以后，才一个到部办公，一个回家休息，暂时别离各自东西。

（原载《新都周刊》一九四三年第十二期，原题《南京的茶点》）

吴乃礼：
六朝居执南京茶社之牛耳

吴乃礼（生卒年不详），20世纪40年代华北沦陷区作家，擅长散文写作，作品散见于《立言画刊》《国民杂志》等杂志。曾任《朔风》编辑。著有《江南韵事》。

江南人士喜欢吃茶，所以茶社到处可觅，尤其在通都大邑的地方，甚至有驰名千里载之书史的大茶社，街头巷尾的材料，文人墨客的伟论，无不荟萃其间，所谓"韵事"，乌得不有。

南京的繁华侧重在贡院街夫子庙一带，在昔日科举时代自有其节季性的热闹，后来科举虽废，依然保持着固有的繁荣，人们的习惯照例是相沿不变，也就无所谓了。

原有的贡院改充了市政府，又照例的衙门口是有相当热闹的，所以，昔日贡院街和夫子庙，现在仍然很知名，因为人口增加的缘故，热闹的情形反而变本加厉。纵然近几年来夸大的新都建设，只是在另一面着眼，假使你步入夫子庙和贡院街的时候，耳目所及全就属于另外一面了。

谈到南京的茶社，仍旧是很多很多，特别是夫子庙和贡院街一带。歌女演唱的所在，既不是戏园，又不是游艺场，人们在表面上只是喝茶听唱，附带着不受法律制裁地随便欣赏她们的"美"，那样的组织也唤作"茶社"。

六朝居呢？不是卖清唱的茶社，坐落在贡院街转角的地方，十五间连檐大厦，楼上下全是旧式的建筑，茶座逾千，堪称执茶社之牛耳，虽北京早年四大轩之清茶馆不及也。

内容的设备是方漆桌，周设骨排方凳八个，目今局部改良，楼下东西两檐夏季有冷食部，也设藤椅了。吃茶的人位不拥挤的时候，一人可据一桌，二三人同来亦可坐一桌，早晚畅旺的时候，那就不然了，多互相拼坐，识与不识皆成友好，完全是中下级社会上的社交所在，访事问俗的总枢纽。

楼上比较楼下稍感清净，原因是楼下没有登楼之烦，来去很便，所以人多。再则是建筑在沿街转角，行人走商，或避尘嚣，全由室内打穿，你看熙熙攘攘的人，不尽都是茶客。那么好净清的人们，就不嫌登临之烦高坐楼头了。

江南百业的从业员都不会"和气"，这是人所共知，尤其是南京，简直的是不堪承教，六朝居之大，亦复如是，所以入座之后，最要紧的是，你且少安毋躁，这是不碰钉子的秘诀。

六朝居的命名，何等的风雅，配以茶博士之庸俗，适得其反。当你坐定之后，古老的盖碗一个，茶杯一只，陈列在你面前，内装有容量三分之一的清茶叶，执大铜水壶，掀盖用滚开水自高向下猛冲，翻江倒海之势，有如"温泉瀑布"一般，不住的水花四溅，然而这是定律，绝无改变的可能。更懒一点的茶博士，也可以说是更客气一点的，马上将茶由盖碗中倾出，注茶于杯之内，算是给你满满斟上一杯，然后照样再来一回"温泉瀑布"，免得你自己斟出后，唤茶博士续水之烦。

偌大的茶社，容上几百位茶客，纸烟蒸汽，以及呼吸出各种复杂的气体，充满室内，如在云雾之中。夏季门窗四启，尚少恶劣气味，入冬以后，设或有科学家吸取气体若干罐，放在实验室去分析，不定有多少种成分粹集其中，吃茶的癖士们，怡然自得，如履仙台。

自然，不少行商小贩不住地在你面前往来兜售物品，但是你可以不理会他，高兴的时候，有意无意地向他们摆摆头，也算表示"不买"。

下午一点钟以后，左侧的月宫、又世界，右侧的奎光阁，脑后的奇芳阁、飞龙阁，这些姊妹茶社，都是鼓锣喧天地开始清唱了。

她们——歌女，浓妆艳抹，往来在贡院街和夫子庙之间，你呷一口清茶之后，凭栏一望，形形色色地都会呈露在眼前。

她们唱开场的蹩脚角色，是很忙的，由甲茶社嘶叫一段二簧，匆匆出来跑到乙茶社再喊一段西皮，也许河里船老板派人来叫，又匆匆地出来，乘上划船渡到"船"上，闭幕十分钟。至于杏花村伴客小饮，快活林来份西餐，要算是她们的"饭局"。这些，小坐六朝居，都可以一一领略，只要是你很精通此道，不算外行的话。

时光越晏，人来得越多，琐屑人限欲醉的事，也随之而来，变成加倍的热闹。一会儿干丝面条之声呼呼，豆油熏蒸之气，使人欲呕，原来邻座已竟大嚼起来。

在这里想起了南京的面食，更奇怪他们的思想和艺术，毕竟是出人头地，蒸成了的馒头和包子一类的食品，他们会害怕上面的表皮破裂，失去了美观，重重地刷上些老豆油，这样吃到嘴内，油润润的仿佛更应当易于下咽了，其实又何尝是呢？

（《江南韵事》，吴乃礼著，北京佩文斋，一九三八年初版）

152

芸：
南京城里各个时期的"吃"

讲述人生平不详。

"食色，性也。"这句话是圣贤的古训。南京城里，从民国十七年起，已经整整地禁了七年的娼，新闻记者要体谅当局者的苦心，所以"色"这个字，现在是不作兴谈的。闲来无事，谈谈南京城里逐一时期的"吃"。

我今天谈南京"吃"的动机，是无意中经过延龄巷，看到那里新出现了一个"济南饭庄"，我很有点感慨，现在南京城里的吃，总可以说各有齐备了吧。在这一转念间，我倒想替吃食编历史，而上溯到当年的南京的吃。

南京人不必生气，因为他们本地人的请客，只有"夫子庙吃茶"，是个极大的人情。吃茶点心连带可以叫菜、饮酒，而一直牵连到吃饭，所以南京人心目中的馆子，只有那半茶馆半饭馆式玩意。举个例子出来，就是万全、嘉宾楼、全家福式的馆子，可以说是道地的本地的吃。

更进一步，也不过从前东牌楼一带的东坡园、老小乐意（夫子庙的小乐意，还是后兴的），贡院前的明远居一类的前期菜馆。假使是教门，那么马祥兴、金钰兴一类的，也是南京人心目中的馆子。

可是时代毕竟要进化的，南京在军阀时代，因为宴客的需要，不得不有金陵春式的京苏大菜馆出现。但是在当初，这是预备给官场用的，于南京本地人，仍非需要。

自从民国十六年奠都南京起，南京城里的吃食馆，如雨后春笋，大大地增多了。最初盛行的粤菜，由粤南公司而安乐酒店的前期粤菜，而世界饭店的开幕时期，而广州酒家、广东酒家之类的。但是一转眼之间，一些湖南小馆子，跟着纷纷出现。

于是烟熏的腊肉、腊鱼，嚼不动的腊牛肉，烟熏的茶叶，也盛极一时。不过同一有辣子味的菜，湖南的又不如四川的来得精。于是四川菜馆，如蜀峡、浣花、益州、碧峡等等，就代而兴了。

同时浙江菜馆，因为行销绍兴花雕酒的缘故，也不甘示弱。于是四五六、老万全、宁波酒家、维新楼、大集成等等，也大张旗鼓，来争一日之短长。这期间，还有徽州菜馆子，乘广东菜疲弱之后，以徽州菜鸭馄饨标榜，而在夫子庙出过一两年的风头。

这些风头过了以后，就是地方式的饭店抬头时期，明湖春开于先，河南饭店继于后，而苏州菜馆，也不甘示弱。吴宫、苏州店之类，以苏式的船菜为号召，也有一个时期。是生涯鼎盛的。中间，还有觉林、沁沁居的素食，来点缀一番，可以作为大锣大鼓后的红牙小唱。

贡院街庆源祥鸡鸭店　摄于 1943 年前

这些时期，统统过去了，从今以后，一定是北平式的馆子流行时期，所以中央商场一开门，就出现一个北京的中州馆厚德富。最近，延龄巷里，又来一家济南饭庄。在契约的历史上，这种馆子，是更古典型而更封建了，这是一定无疑的。三煮的"黄河鲤"，一块钱的"自磨刀"，在上述的两家馆子里，也许要聒人耳朵吧。

（原载《市政评论》一九三六年第一卷第二期，原题《南京的吃》）

舒 人：
南京盐水鸭的煮法大有秘诀

讲述人生平不详。

北平讲究吃，烤鸭须吃填鸭，河南菜馆亦以"填鸭"号召一般吃客。其实鸭子因填而肥的，其肉未必比不填而肥的来得美，仅仅在肥，却又未必能合于美的条件。

据我所知，大率鸭子在水里面所吃到活的食物，如螺蛳、小鱼和虾子之类，其营养决比硬生生填实去喂它的，要自然地而得到天然的滋味。换句话说，一个活而嫩，一个呆而老。以出产鸭子著名的南京，那里所用的鸭子，其实大半多从安徽方面运来，其次是江北一带的产品，都是吃活食长大的，是其好于他处一个大原因。

还有鸭肫一物，也差不多成为小食的一种要品，也是南京方面，有人向和州（皖属）去大宗搜罗而来。广东店家，却做不过他们，很有人因贩鸭肫而发财的呢。

南京鸭子店，向推"刘天兴"，近来"韩复兴"已驾而上之。可是这种店铺，又总归教门在行。在南京吃鸭子，以春季最没有吃头，夏令有"盐水鸭"，又名"水浸鸭"，秋令有"桂花鸭"，冬初又有所谓"梅花鸭"。这是一个朋友题的名字词，未必可靠，因桂花已过时令，而寒天的著名"板鸭"，又未上市，此时过渡鸭，只好以梅花名之。大概同春天鸭的味道相仿吧。

盐水鸭，比桂花鸭、梅花鸭、板鸭都美，但要买来即吃，过四五小时，便不鲜美。其煮法，大有秘诀。有人从著名店铺伙计处探得煮制盐水鸭的方法。据说，"先用冷水烧开后，放入生姜、葱及醋少许，即将盐鸭放入，用火浸烂，等水开时，把水上浮沫捞净，候锅中水温冷之后，再将鸭取出，去净鸭肚内所灌进之水，再放水内，用火缓缓浸煮，所谓水浸鸭，便是如此。因为要全以小火热水浸逼使熟，方始嫩而可口。若用大火，不但肉老无味，并且走油了"云云。以上所述，不致不准确。好之者，何妨在夏季，到鸭店去买那未经最后手续的盐鸭回来，如法炮制一下。

（原载《首都周刊》一九三七年第二期，原题《南京盐水鸭》）

第三编
楼馆歌台

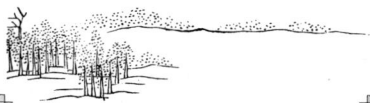

若　平：
歌女以点戏多少显示个人身份

讲述人生平不详。

发达的原因

南京，因为禁娼的结果，歌场乃特别发达。所谓歌场，实即变相的"娼门"。又因为建都以后，一般寻欢作乐者日益众多，而且身份亦较从前高越，间并有一二要人先生，光临其间，所以歌女的声价，较以前大有增加。

在以前，其身份不过与上海的"么二"相等；而年来，颇有不少，仿佛上海之"长三"书寓了。

集中夫子庙

南京歌场，城内的大都在城南夫子庙一带（下关还有数家，当另文纪录）。这夫子庙，是茶楼酒肆平戏馆电影院聚汇的区域，也就是久负盛名的秦淮河的河畔之一角。不过，这秦淮，已非昔日娼门林立的秦淮，除了一泓臭水长流以外，什么风呀月呀，都已成了"人面桃花"了。所以今日的夫子庙，表面虽然非常热闹，繁华虽较从前进步，然而一般的都感觉美中还有不足；这不足，不待说即是那个调调儿的开放问题。

歌场的统计

在夫子庙一带，散布的歌场，统计有二十家之多。只有一家，是在这区域以外，那便是附设在安乐酒店的天声宛。天声宛，是前年才开设的，因安乐酒店是崭新的建筑，所以天声宛内也比较精致，不过地方稍嫌狭小而已。在夫子庙一带的，计有天韵楼、飞龙阁、麟凤阁、雪园、月宫、奎光阁、天香阁、又世界、新奇芳、群乐园、六朝居、四明楼、民众茶社、群乐茶社、凤鸣茶社、全安茶社等家。其中月宫与雪园，是最后开设的，开唱还不很久，一切也比较的清爽。

偷偷地点戏

歌场老板，靠了歌女的媚眼色相，才能进账铜钿，所以不能不竭力寻求年轻貌美而且风骚的歌女，以期收获丰富。老板在表面上是靠卖茶为唯一收入（每客一杯，每杯之价，由二角至四五角不等），然实际上，还有一宗公开而又秘密的进款，便是茶客们点戏的进账。点戏，在未禁娼前，是公开的，那时有人点了戏，必在粉牌上大书特书，歌女也要出台敷敷衍衍唱上几句。后来因了禁娼的缘故，点戏也一例禁止，但是点还是点，照旧进行，不过变成公开的秘密，偷偷摸摸地点而已。

戏资的摊派

点戏，在公开时代，从一二出起码（每出一元）五出十出，便算很阔了；禁止以后，歌女除警察听每天核定的戏目以外，不准再唱，然而点戏的，倒反比从前起劲。在最盛时期，点戏的每客在多到五六十出，以至百余出的。在新角初次登台的三天，与特别节日，歌女尤必四出拉客，请求捧场——点戏。同场的歌女，并各以点戏的多少，显个人的身份。如果挂了头牌自视为台柱的，被点之戏，反比二牌三牌为少，那便感觉非常坍台。点戏的进款，歌女每元只净到手小洋四五角，老板到手四五角，其余便由拉客点戏的案目与场面（打锣鼓与拉胡琴的）分摊。

由盛而衰落

表面上，歌女是卖唱，场主是卖茶。然而实际上，歌女绝不能单靠卖唱——包银，以维持她们脂粉的生活；场主也不能单靠卖茶——茶钱，以应付种种开销，以企图盈余。在歌女，除了特别的糊涂收入以外，仍赖点戏以补不足；场主则端赖点戏，方有盈余，落入自己的腰包。在一·二八以前，这许多歌场，都可谓在极盛时期，罗致的歌女，大都还够"年轻貌美"四字，所以点戏的收入，都极可观。一·二八后，虽然都依旧开唱，但收入已大非昔比。到去年底，则关闭者竟达半数，其比较著名的歌女，都因包银不能按月到手，点戏与特别收入又甚稀少，大多迁地为良或随人嫁去了。

消沉的原因

因为一·二八后，自爱者多裹足不前，胡调者亦恐种种干涉（如军宪警也，抗日会也），吓得不敢问津。同时，还有一大原因，便是在夫子庙听戏的，大都是机关内的公务人员，他们来歌场捧场，大多是醉翁之意，别有所属，然在此国难时期，行动不得不稍加检点；并且月薪都要大打折扣，谁都是愁眉苦脸，入不敷出，迫不得已，只好绝迹歌场了。虽有对歌女怀抱若何野心的，也只好暂时冷了下去。

力图挽厄运

歌场老板，为了营业日益清淡，遂挖空心思，多方设法，以求挽回厄运。不过终以国势日艰，不易挽救，有些只好关门大吉，有的叫另觅蹊径，把南朝金粉，换了北地胭脂，由歌唱平戏改而奏唱大鼓。在去年有一时期，大鼓书场，同时有四五家之多。现在在上海北平书场奏唱的黑白二将（小黑姑娘与白云鹏），及以风骚著称的杨莲琴等，去年都在夫子庙唱过，由京而沪的。然后来终以不景气笼罩了整个夫子庙，大鼓书场到了最近，也只剩一家——鸣凤茶社了。

目前的情况

现在，夫子庙还开着的歌场，只是寥寥几家，可算是最凄惨时期——计仅月宫、雪园、天韵楼、天香阁、又世界、群众茶社、鸣凤茶社等家。月宫的要角是王玉蓉、李小峰、琴一笑等；雪园的要角是沈素文、丁美玉等；天韵楼的要角是卢韵霓、刘爱莲等；鸣凤茶社的鼓姬，为赵大玉、薛梅、小艳芳、张翠的，恕不录红钟、三姑娘等，其他都是不甚著名列了。

还有关于歌女的生活及其他种种，以及几个比较著名歌女的近况，当另草一《首都的歌女》，详细叙述，仍寄请贵刊发表。

（原载《社会新闻》一九三三年第三卷第五期，原题《首都的歌场》）

佚　名：
秦淮歌女接受采访，碍难之处也能爽直回答

讲述人生平不详。

如果我们历数一下劫后南京的"韵事"，那早又恢复到当初桨声灯影的白门风光了。尤其，最近有一个"秦淮歌女"的"座谈会"出现。

座谈会的发起

宣传了好久的"秦淮歌女座谈会"，终于在客年岁尾二十九日下午，假座豫丰泰酒社举行了！

这天，应邀请来参加的歌女，一共来了十九位，来宾也有十多位，中日人士，济济一堂，在暖暖的阳光下，在乐融融的氛围中，大家心平气和，喜笑时作，按部就班地举行着。

所预拟的十个讨论问题，各位小姐们，都能尽量地回答，纵有碍难之处，也很爽直地报以回响，决不是在演无声默片！所以，成

绩方面，是十分圆满的，这很有意义的座谈会，形成了一个社会严重问题——歌女与社会的影响——的讨论。

一、你喜欢哪一种脾气的朋友？

朱桂芳：有能力的人。

美蓉：温柔的人。

邱翠花：什么人都不喜欢！

李妙芳：我跟她（指邱）一样。

潘美华：温柔和气。

美弟：喜欢说话很诚实的人。

桂芳：脾气好的。

陈月明：一样都不喜欢。

素琴：如自己脾气一样的。

素秋：脾气好的，当然喜欢！

雪萍：老实人。

张俊良：有信用人。

莉影：没有嗜好的。

孙彩霞：样样比我好的。（思有两分钟）

陈玉秋：什么人都不喜欢！

王芸芳：在这样环境中，要教我喜欢的，都没有咧！

邓艳霞：脾气温柔的。

邓艳琴：老实人。

龙翔：脾气不坏的人。

二、那么你最讨厌是哪一种人？

朱桂芳：是无知识的人。

美蓉：吃白面的人。

邱翠花：什么人都讨厌！

李妙芳：坏人。

潘美华：没有信用的人。

美弟：爱吹牛的。

桂芳：无信实的。

陈月明：皮厚的人！（言时意指橄榄先生，惹得哄堂大笑）

素琴：个个都讨厌。

素秋：没有脑筋的人。

雪萍：爱风流的。

张俊良：没有人格的。

莉影：失了信用的。

孙彩霞：脾气坏的人。（笑过再说）

陈玉秋：古怪的人！

王芸芳：无赖的人。

邓艳霞：有脾气的人。

邓艳琴：说话不诚实的人。

龙翔：架子大的人。

三、你将来打算怎么样?

朱桂芳:独身主义。

美蓉:让我想想再说!

邱翠花:过一天算一天吧!

李妙芳:我不晓得。

潘美华:要比现在还好!

美弟:将来预备读书。

桂芳:嫁人! (说时,态甚爽直)

陈月明:唱戏。

素琴:到什么时候说什么。

素秋:想学点本事。(笑着说)

雪萍:要跟父母一辈子!

张俊良:将来再看吧!

莉影:希望做一个音乐家。

孙彩霞:一个人过着日子。(说时面红)

陈玉秋:念书!

王芸芳:做尼姑。(说时似很厌倦现实)

邓艳霞:嫁人。

邓艳琴:将来事情,我是莫名其妙的!

龙翔:我也不知道将来能怎样!

四、你对于现在的生活，感觉到怎么样？

朱桂芳：感觉非常痛苦！

美蓉：马马虎虎吧！

邱翠花：没有意思；咳！真没有意思。

李妙芳：马马虎虎。

潘美华：还得过！（按：说时态度自然，身为歌后，自然满意！）

美弟：说好也不好，说坏也不坏！

桂芳：还不错！

陈月明：还好。

素琴：也还好。

素秋：没有什么好。

雪萍：蛮好的。

张俊良：跟父母过，自然一切都好！（按：大概张老板，现实很满意？）

莉影：平常得很！

孙彩霞：马马虎虎。（沉思良久方答）

陈玉秋：咳！不自由的生活。

王芸芳：不愿过这种生活！

邓艳霞：差不多。

邓艳琴：胀也胀不死，饿也饿不死！

龙翔：我跟她（指邓艳琴）一样啊！

五、歌余之暇，你作何消遣？

朱桂芳：看电影。

美蓉：写字、看书！

邱翠花：看电影。

李妙芳：看戏。

潘美华：看书。

美弟：看书。

桂芳：打牌。

陈月明：看戏。

素琴：看电影。

素秋：看书。

雪萍：看小说。

张俊良：什么都喜欢！（答时态甚坚决）

莉影：踏琴。

孙彩霞：待在家里！（表示什么都厌倦的样子）

陈玉秋：打牌，看戏！

王芸芳：看书，写字。

邓艳霞：看电影。

邓艳琴：看戏好了。

龙翔：不好意思讲。（思之良久，才答出。似有难言之痛！）

六、你家中有些什么人？

朱桂芳：有祖父母、三个妹妹。

美蓉：一父二母，一姐二妹。

邱翠花：一母一女。

李妙芳：没有父母，有一姊。

潘美华：有三个妹妹。

美弟：父母都有。姐妹五个。

桂芳：父母都有。

陈月明：父母都有，姊妹六个。

素琴：父母双亡，姊妹二人。

素秋：父母、一兄。

雪萍：一个干爸爸，一个亲爸爸；一个干妈妈，一个亲妈妈。

张俊良：父母兄弟。

莉影：全家福！

孙彩霞：我家的人顶多！

陈玉秋：一母，二嫂，二妹。

王芸芳：一父，五个姊妹。

邓艳霞：一个祖母，姊妹五个，还有二母。

邓艳琴：同她（指邓艳霞）一样。

龙翔：也同她（指邓艳霞）一样。（按：三人为姊妹，故云）

七、你今年芳龄几何？

朱桂芳：十九。

美蓉：十六。

邱翠花：二十三。

李妙芳：二十。

潘美华：十七。

美弟：二十。

桂芳：十七。

陈月明：十五。

素琴：十六。

素秋：十六。

雪萍：十六。

张俊良：二十。

莉影：十七。

孙彩霞：十九。

陈玉秋：十八。

王芸芳：二十。

邓艳霞：十九。

邓艳琴：十五。

龙翔：十八。

八、你正式上台到现在有多少时候？

朱桂芳：六年。

美蓉：两个多月。

邱翠花：十年。

李妙芳：三年。

潘美华：两年。

美弟：一年多。

桂芳：两年。

陈月明：一年。

素琴：两个月。

素秋：一年。

雪萍：十六年，我在妈妈肚子里就会唱啊！

张俊良：六年不到——缺一个月。

莉影：五个月。

孙彩霞：五年。

陈玉秋：三年七个月。

王芸芳：七年。

邓艳霞：四年。

邓艳琴：一年四个月。

龙翔：三年。

九、你逢到台下有人喊彩，当时感觉到怎样？

朱桂芳：很感激的。

美蓉：谢谢大家的。

邱翠花：觉得害怕。

李妙芳：不怎么样！

潘美华：很欢迎。

美弟：很欢迎他们。

桂芳：一不好，二不坏。

陈月明：还好！吃饱了饭，头脑都烦痛了！

素琴：特别欢迎。

素秋：不觉得。

雪萍：最喜欢。

张俊良：很领情的。

莉影：感激得很！

孙彩霞：欢迎。

陈玉秋：没有什么。

王芸芳：无所谓。

邓艳霞：欢迎之至！

邓艳琴：我很谢谢的。

龙翔：满好！

十、你是什么地方人？

朱桂芳：南京。

美蓉：六合。

邱翠花：济南。

李妙芳：北京。

潘美华：六合。

美弟：南京。

桂芳：扬州。

陈月明：扬州。

素琴：南京。

素秋：北京。

雪萍：北京。

张俊良：北京。

莉影：上海。

孙彩霞：南京。

陈玉秋：广东。

王芸芳：南京。

邓艳霞：扬州。

邓艳琴：扬州。

龙翔：扬州。

（原载《三六九画报》一九四〇年第二卷第二期，
原题《秦淮歌女风光——秦淮歌女座谈会纪详》）

贤 五：
他是李龟年，他是柳敬亭

讲述人生平不详。

虽说是"落花时节"，可是江南的人物，却依然飘洒风流。所以刘宝全，这位号称"鼓界泰斗"的卖艺人，来到这首都的南京并不会因为"世难"的莫测把这老艺人冷落在一边。而况这"一九三六"的字样，还是乍入眼帘，至于华北云云，那当然更是听惯不在话下。在这里，朋友们，南京以外的朋友们，我该得向你们骄傲自矜，假定不是我们熏陶过首都风月的人物，谁能有如此"行乎素焉"的襟怀。固然，大学生也曾闹过请愿团，中学生也在大唱哭灵团，一幕一幕地在排演着，可是，那只是小孩儿家干的勾当，值不得一提。

现今，这两天，从报纸上刊出刘宝全来鸣凤社唱演的告白那天起，我们，不相瞒，我们这起不嫌其菲材的公务员群中，大家互不相谈则已，要谈那是离不了刘宝全这人名儿，除非他——当然也有她——是一个不懂世故的初出茅庐的小伙子（毛丫头）。大鼓，南

177

词北曲，你就是不懂，你也得装出一副心领神会的模样儿来，因为这个世界是这个世界，任何事都得该这样地应付，自然不只是听刘宝全大鼓这一回事而已。

九日的夜场，随和着大家的高兴，一下了办公厅，就忙忙地怀着两爿"黄桥"烧饼，抢先到鸣凤社去占座儿。黄桥烧饼，这名词也须得注释一下，大概在实业部混过事的人，没有不说这东西是恩物的。烧饼之为物，因为武二老兄的关系，敢说是早已家喻户晓，可是加上了这"黄桥"的头衔，就得申说几句。"黄桥"据说便是炊烧饼的人名，犹之乎仲明式汽车的"仲明"，昭明文选的"昭明"，是物以人传。这烧饼店是实业部的紧邻，我因为受着同事们的委托，说只有我没家小，一个儿的民生问题容易解决，不像他们还得回家去问问儿饥、抚抚妻寒。

我到鸣凤社时，日场还只刚刚完场不久，可是却已黑魃魃地座座有人。我总算没有落空，一算科长、主任，还有他们的太太，也许还有他们的朋友，这一桌的四周，紧紧地挤，一周三座，也只得十二座，预备再多占几个座儿，左右环顾，是桌桌都有人在，正待向远的地点望望，不料却有人来占我这桌的座儿，赔着笑脸儿说了几声对不起，幸亏那人儿讲礼，也就惘惘然地他去。可是接接连连的麻烦，跟着一秒秒时钟的加多，科长、主任们老不见来，后到的人却似乎不大讲礼，等来等去，小女孩子还只刚刚露脸上场，我这桌就只有五个座位是属于我的，帽子一座，大衣一座，烧饼一座，双脚一座，实在没有法想，大庭广众之中，跷起双脚，不成体统，也就不得不明知之而故犯之。九点钟，离刘宝全上场的时间，还有两点钟，科长来了，主任也来了，原来科长是在主任家里吃的饭，科长太太、主任太太、科长太太的女朋友、主任的男朋友、主任太太的阿妹，不待言，我是没有座位儿可坐的了。"站一会儿，也得"，科长、主任，在我申述苦衷以后，淡淡地笑了笑。实在的，站一会儿，你瞧，站在厕所门口不还有人？难道那不是花一块大洋钱才买来这一站？

十日，虽说报纸上排着触目惊心的新闻标题——"朝阳门事件"——"日俄问题"，可是同事们大家却说说笑笑地谈刘宝全的《单刀会》够味儿。真个，刘宝全，这老年的赏艺人，他是李龟年，他是柳敬亭，他是苏崑生，可惜只是"落花时节"，也叫作没可奈何吧？不然，升平歌舞，不够他称盛一时啊？不，人生行乐耳。所以刘宝全在南京也还博得大家这样的捧场。

一九三六年一月十九日写于刘宝全将走之一夕

（原载《中外问题》一九三六年第十四卷第五期，原题《刘宝全在南京》）

吴乃礼：
歌女唱的戏都是有头无尾

讲述人生平同前。

南京夫子庙的歌场，一种是皮簧清唱，一种是京津杂曲，演唱的地点，却都标明为"茶社"，所以到场聆曲的人通称为"茶客"。月宫、飞龙阁、群乐诸社，是演唱皮簧清唱的地方；以先的奎光阁，最近的又世界，是演唱京津杂曲的地方，演奏的人但都是以女性为中心。

每天开演两场，日间在下午一时以后，晚间在七时左右，因为警察厅的管理严格，倒也准时散场。为了禁止所谓"戳活"和"点戏"的不规则行动起见，先一日排定了秩序表呈报，临时不得变更，歌女误场即不许补唱，真是雷厉风行。可是"点戏"的人仍旧在那里"点戏"，"戳活"的依然在那里"戳活"，不过由明变暗罢了。

茶社里面的设备，也和京津的"落子馆"，差不许多，座位有的比较舒适些，厅堂比较轩敞些，有的还比不上北京青云阁的"玉壶春"，可是小型的戏台却是做得特别花哨，除去杂色电灯之外，歌女的芳名各嵌一灯，出演之前则灯明，退场则灯灭，比出台自己来一句"学徒张士诚上台鞠躬"要文雅些。至于出演的戏名呢？大致都用一面油过的木牌，写明挂在上场门边，等到唱至将要终场，由侍役移挂在下场门边，另外挂出一面新的，那便是下一场的戏名，这样换来换去，一天要换到一二十回。

台上无帐幔，多是画了些调子极不匀称的图案，作为背景，讲究的也挂上两幅绣帘，然而不免有些商家的广告。台上文武场面俱全，近台口的地方有方桌一张，前面张以绣帏，常跑江湖的歌女，她们自己也备一份，临出场前更换，一如演戏然。至于京津杂曲场，桌上两只方灯，仍旧摆在那里，却也不失其本色。

茶客到场，收存衣帽，南北同风。坐定之后，一只玻璃杯，里面放些清茶叶，由茶房给冲上九分满的开水，用一只电木小圆碟，作为盖子，加盖在玻璃杯上，这一杯茶就很够你欣赏三十分钟。因为玻璃杯加上滚开的开水，烫得不能摸，所以坐定之后，一方面欣赏着台上歌女的风姿，耳边敬聆着她们的妙奏，桌上欣赏着"炙手可热的茶"，可称是韵味十足。

歌女出场，大多唱闷帘倒板一段，然后缓步向前，胡琴拉过门或者有锣鼓时间，必来一个向后转，请听众赏鉴她的背影。过门拉罢或锣鼓停止，开口要唱时，再缓缓转过身形，其动转情形，就和钟表上的表针一样，你穷尽目力去看，看不见她移动，可是倏忽间已经转过面来了。

夫子庙茶园卖唱　摄于 1920 年前

她们唱的戏，都是有头无尾，牌上虽然高标《探母》，也许唱的是"见娘"老旦一段；《捉放曹》，不但不捉不放，或者唱的是吕伯奢那一段。如果你不懂戏词的话，尽可以挟着两本高亭、胜利的唱片戏词去听，管保和她们唱的分段情形是相同。

捧她们的人，除去"点戏"以外，在那里很时兴赠送"绣帐"。看吧，茶社的四壁各色绣帐，争妍斗丽，如同她们自身一样，所以名歌女的绣帐要多至好几幅或十几幅，挂在那里和运动会得到锦标似的，那么光荣。不过上面词句都很庸俗，如同"霓裳仙曲""歌喉婉转""余音绕梁""歌场明星"一类似通非通的玩意，名人品题也未尝没有，不过很少很少罢了。

记得四五年前有这样一桩事：

奎光阁特别由京津约去名鼓星数人，所谓名鼓星也不过就是一句话，彼时在北京歌场中的王小梅，仅能称为后起之秀，名鼓星实在尚不能当，也被约参加同行。北京她的友好穆君在她登程之前，函电南京名诗人冯鹤甫等，替她捧场，结果，一块绣帐，竟使她声誉鹊起，记得给她的词句是"着花也未"，款书"梅娘芳粲"，下署"鹤父题赠"，文词典雅，字体娟秀，加以绣工精美，登场之日悬之，一时无两。三阅月之间，王小梅之名因此而大噪，由中轴而压场，博得缠头累万。穆君当时曾致诗鹤甫以寄意，有句云："自从北枝南移后，竟无消息到春明。"不意乃成诗谶，岁末暮，美人已属沙吒利矣。

可见名士之品题，自然与众不同，可是聆歌遣兴，却正无烦"品题"，也更用不到所谓"捧场"。张恨水的《满江红》，揄扬了南京歌女,《啼笑因缘》，写尽了北京鼓姬，文人笔墨，不能全然无所谓也。

歌女的惯例，来到后台，先要跑到台帘空隙地方，向外仔细张望，所以你坐在前面，对于这种粉面微露，明眸半转，也要加以赏鉴，但是遇到有过"点戏"资格的她们，移时，便有青衣小帽的人过来，请你"破钞"。

近几年来，歌场情形，又变了些花样，因为"洋落子"——时髦歌曲盛行，茶社老板也颇聪明，偶尔挽歌女唱上一两段，什么"爱的花""四季相思"等类的歌曲，总之离不开淫靡而已。唱的时候，停锣止鼓，闭幕关灯，弄得乌烟瘴气，其实仍旧和坐在家里，开开留声机，听听唱片是一样。

小贩在歌场里特别活跃，种类比较一般茶社要别致的多，夏天有卖鲜花的，因为茶客可以让他们穿成花球花排送给她们，借此博得较高的利钱；有卖暑药的，歌场人杂，情场多嫉，可以消暑解头晕。此外，卖奖券的、卖水果的之类，要属于普遍现象之中了。

她们和茶客坐在一起是被禁止的，但是有变通的办法，她在甲茶社挂牌演唱，可以陪伴茶客到乙茶社同座，这仿佛是在所不禁。至于台上清歌正浓，忽然飞下一个眼风来，在受惠者是得意非凡，全场人中也许同声唱彩。这些举动难免不有，在一个时期也经严厉制止过的，其奈无效何。

在全部演唱秩序表上，预定节目进行到三分之二的时候，开始在收茶钱了。和早年的北京戏园的办法差不多，收费的是二人司其事，一个人在收钱，一个人在看见他收过钱以后，便将盖在玻璃杯上的电木小碟收去，作为已经收过钱的凭证。曲终人散，那些"炙手可热"的茶杯，都充满着大半杯的凉茶，被小伙计慢慢地倾入大铁筒中，提至桥边灌到秦淮河里。

遣兴聆歌，何等的风雅事，可是一切的一切，都是浪费，浪费在不知不觉之中，固然不仅是那些弃掉的凉茶啊。

（《江南韵事》，吴乃礼著，北京佩文斋，一九三八年初版）

第四编

蠹鱼生涯

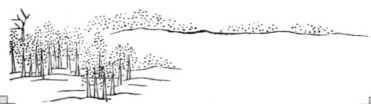

沙　雁：
南京的书店多代售杂志

讲述人生平不详。

　　南京书业的历史，是非常短简的，这较之上海书业，真不可以道里计矣。南京之有"书业"，可以说还是近十年的事，在十年前的南京，虽然并不是一个野蛮无文化的城市，但是，这里的文化不已经衰落到几等于无了吗？旧书摊、古书铺，便是十年前南京书业的面型，其外，不错也还有着一家半家的新式书店，代卖文具之类，而这就能算是南京的书业了吗？所以，与其说那时的南京书业为书业，毋宁说那时的书业为教育用品社。因为，这种教育用品社，便是当南京有了所谓真正的南京书业而代了它存在的作用，把它淘汰的。

　　南京正式有所谓书店的出现，这还是一九二七年以后的事。因为自一九二七年以来，一方面受过教育的人日增，另方面即学校的成立，也是日渐发达的。如此一来，文化事业便很自然与时俱进、逐年扩展了。同时与文化极有连带关系的书业，不消说自是应时而起了。

现在我们且看南京书业近十年已竟发展到如何程度：

有人说上海四马路是文化街，如果这一说法可以援例，那么，我叫南京太平路花牌楼为文化街，也不为算过甚其辞了。

南京一共有近百家书店，大半可说散在太平路，从大行宫起，到夫子庙止，走不远你便可以看见一家两家书店，尤其当你到了太平路淮海路口以南，简直书店挨门皆是了。

在上述的许多书店中，其营业类别分：

一、出版图书者。

二、不出版图书而只代售者。

三、专售杂志者。

四、专售字帖文具者。

五、专售一折八折版者。

六、专售古书及其他者。

有出版力者计有三家：军用图书社、拔提书店、正中书店。其外虽然仍有出版力者五家：商务印书馆、中华书局、世界书局、开明书局、共和书局；以他们究属没有直接出版能力，而须收到印件转于上海总店的缘故。因此，我所以说南京的书店只有三家有力出版图书者，是不错的。

至于其他无力出版者，他们全靠了代售的"折扣"以维门市的。

本来，这在过去景气的年头，折扣的余润，本是除了维持，还可管到相当余利的。可是，因了近几年的不景气，钱头到处感到不宽的时候，人们把买书的钱，多买了面包了。难道知识比面包的要求更来得迫切吗？我不敢这么说。

现在，每家书店，几乎全是亏本的。不亏本者，也是能免为支持了。真的说到盈余，这是属于幻想的。

在南京的各家书店，有一个非常普通的现象，这便是杂志的代售。目前南京近百家书局中，有不代售杂志者除商务印书馆、中华书局、共和书局、世界书局而外，即正中、拔提也都卷在以代售杂志而拉顾客的一途了。其实照目下的去势看，杂志的销路，已呈落日夕山的衰亡之象了。所以，在这种情势下的南京书业，前途非常的阴黯。这尤其在官方各种封锁和压迫之下。

比如说到南京书业的税捐纠纷吧，自民国二十年以迄于今，仍在讨价还价中。这事情是这样的。

本来南京的书业是无组织的，所以，关于官方的各种要素及压抑从来是百听的，直到二十年成立了南京书业同业公会时，才由该会向当局要求援用上海书业营业税，则以资本的多寡，定抽千分之二的办法。不过，当局则以为必实抽千分之四，这一来，于是双方益害冲突，乃一延而再延，到了最近双方还在僵持着。虽然，千分之二的抽税每季均由同业会收缴社会局营业税处，结果，却均遭拒纳。看样当局势必征到千分之四不可。记得在二十四年底（十一月吧）南京书业曾向行政院请愿，请求援用上海成例，征收千分之二，但至今未得到满意解决，而社会当局仍以千分之四的办法追令缴纳

夫子庙附近的旧书铺　摄于 1928 年前

旧欠新税，否则并予停业之处分。前一时闹到满城风雨，三月已去，事过景变，僵局仍在相持，而将来究千分之四欤，抑千分之二，或千分之几，尚待将来事实的答复。这里我们除愿站在客观的立场，对南京社会当局加以请调查市况以后而再加这项税则的处理外，别的我们还好说什么呢？对于这南京不景气的书业，货色滞销，开销难短，图书检查的扣货发售，这一切不够他们受了的吗！

（原载《汗血周刊》一九三六年第六卷第十三期，原题《关于南京书业》）

纪果庵：
一遇好书，即时买下，万勿犹疑

纪果庵（1909—1965），原名纪庸，河北蓟县人。早年毕业于北京师范大学国文系。后在宣化师范学校、中央大学、江苏师范学院任教。著有《两都集》等。

益都李南涧、江阴缪荃孙前后作《琉璃厂书肆记》，今日读之，犹不胜低徊向往。然人事无常，缪氏为后记时，李氏所举数十家，固久已不存，辛亥后，缪氏自沪再抵旧京，则前所自纪，亦复寥若晨星。三十年来，烽燧迭起，岂唯乾嘉之风流，邈若山河，即同光之小康，亦等之梦幻！缪氏所记诸肆，唯来薰阁、松筠阁等巍然尚存，直隶书局、翰文斋则苟延残喘。后之视今，犹今之视昔，讵不重可念耶！

金陵非文物之区，自经丧乱，更精华消尽；徒见诗人咏讽六朝，惓怀风雅，实则秦淮污浊，清凉废墟，莫愁寥落，玄武凋零！售书之肆，唯以旧货居奇，市侩结习，与五洋米面之肆将毋同。若南涧所屡屡称道之五柳老陶，延庆老韦，文粹老谢，徒供人憧憬耳。[①]书肆旧多在状元境，《白下琐言》云："书坊皆在状元境，比屋而居，有二十余家，大半皆江右人，虽通行坊本，然琳琅满架，亦殊可观。廿余年来，为浙人开设绸庄，书坊悉变市肆，不过一二存者，可见世之逐末者多矣！"盖深致慨叹。顾甘君之书距今又五十年，状元之境，乃自绸庄沦为三四等旅舍，夜灯初明，鸠盘荼满街罗列，大有海上四马路之观，典籍每与脂粉并陈，岂名士果多风流乎！不过目下较具规模之坊肆，仍以发祥该"境"为伙，如朱雀路之保文，太平路之萃文，其佼佼者也。

　　余在秣陵买书，始于供职山西路某部时，冷官无事，以阅旧货摊为事，残缺不全之《雍熙乐府》，任氏散曲丛刊，皆以一元大武得之，雨窗欹枕，大足排遣乡愁。及后友人告以书肆多在夫子庙贡院街，始知有问经堂诸肆。忆其时以七元买《渔洋精华录笺注》，二元买《瓯北诗话》，虽板非精好，而装订雅洁，颇不可厌，今日已非数十番金不能办，二三年间，物价鹊兔，一何可惊。厥后滥竽庠序，六十日郎曹生活，告一段落，还我初服，乃得日与卷帙为伍。时校中命余代图书馆搜罗典籍，盖劫后各校书无存一者。书肆中人云，丁丑戊寅之际，书皆以担计，热水灶以之为薪，凡三阅月。祖龙一炬，殆不逾此。所幸近代印刷，一书化身亿万，此虽不存，彼

<hr>

①　李南涧《琉璃厂书肆记》："……书肆中之晓事者，惟五柳之陶、文粹之谢及韦也。韦湖州人，陶、谢皆苏州人……吾友周书昌，尝见吴才老《韵补》，为他人买去，怏怏不快。老韦云，邵子湘《韵略》已尽采之，书昌取视之，果然。老韦又尝劝书昌读魏鹤山《古今考》，以为宋人深于经学，无过鹤山，惜其罕行于世，世多不采用，书昌亦心折其言。韦年七十余矣，面瘦如柴，竟日奔走朝绅之门，朝绅好书者，韦一见念其好何等书，或经济，或词章，或掌故，能多投其所好，得重值，而少减辄不肯售，人亦多恨之……"

尚有余，不致如汉初传经诸老之拮据，兹为大幸。余阅肆自朱雀路始，其地有桥有水，复有巷名乌衣，读刘禹锡诗，真若身入王谢堂前矣。路之北，东向，曰翰文斋，其榜书胡小石教授所为也。肆主扬州产，钱姓，昆季四人，以售书骎骎致富，然侩气殊浓，每有善本，秘不示人，实则今之所谓善本，即向之通行本而已，覆印既难，遂以腐臭为神奇。余曾以三十金买初板《愙斋集古录》，友人皆曰甚廉。迩年坊市，皆以金石为最可宝，次则掌故方志，次则影印碑帖画册，若集部诸刊，冷僻者多，不易销售，然近顷欲觅一《艺风堂文集》，亦戛戛其难。昨见某友于市上大觅牧斋《有学集》，竟至不能得。就余所知，此书在旧京，固触目而是，今如此，恐沪上以书为货，垄而有之之风已衍蔓至此，不觉扼腕三叹。翰文寄售影印初月楼、汲古阁各丛书，初价并不昂，如津逮、借月山房诸刊，才六七十，比已昂至四五百元一帙，可骇也。京中有"黑市"，丑寅间列货，莫愁路一带，百物骈陈，质明而散。相传明祖既贵，旧部濠泗强梁，既不能沐猴而冠，乃辟为此市，俾妙手空空，亦各得其所，姑妄听之。然变后斯市，固大有是风，书肆中人，往往怀金而往，争欲于此得奇珍，翰文亦其一。余于其店买《甲寅》周刊合订本两册，共三十期，较论移时，终须十五金始可，实则在黑市不过五元，然一念老虎部长之锋芒，觉亦尚值得。归而与《鲁迅全集》合参之，竟不觉如置身民国十五六年间思想界活跃非常之时期焉。

翰文稍南曰保文，初在状元境，二十五年后始移此。主人张姓，冀之衡水人。衡水荒僻小县，而多以书籍笔墨为业，今旧京琉璃厂诸肆，强半衡水也。故老云，厂肆在同光前，以豫贾西商为主，庚子后衡水渐多。松筠阁刘姓，始列肆于厂，今则自为门面，绵亘十数楹，巍峙于南新华街，三十年来，在书业中屈一指矣。保文总店设歇浦三马路，主人某，曾受业于旧东翰数之韩心源，韩则宝文斋徐苍崖①之徒，颇为缪荃孙称道者，故某氏版本之学，独步一时。又与刘翰怡、刘晦之、董绶经诸公接，所见愈广，沪之市书者，每倩其鉴定。后经翁家刻及景印诸精本，坊间已不易睹者，求之该肆，往往而有。老而无子，南京分肆则付诸其戚经营，即张姓也。其人尚精干，唯芙蓉癖，遂鲜振作。一徒彭姓者，忠憨人也，吾颇喜与之谭，道掌故娓娓如数家常，亦四十许矣。二十九年秋，出嘉靖《唐诗纪事》，行款疏落，字作松雪体，纸白如雪，索二百四十金，余以价昂却之，后闻归陈人鹤先生。氏南京收书，不惜高值，故所藏独多。自三十年春，北贾麇集白城，均以氏为对象。彼辈利用汇水南北不同，不惜重贲于苏杭宁绍各处搜括劫后余灰，北来之书，又非以联券折合不可，其值遂甚昂云。保文售予之巨帙，有《通志堂经解》（广东刊）、《知不足斋丛书》（最足本）、《适园丛书》、《清儒学案》（天津徐氏刊）、《四部备要》、《四部丛刊》初二三编、《百衲本廿四史碑》、《传集》及续补、《湖海诗传》、《湖海文传》等，皆学人之糇粮，典籍之管键，总计全价犹不及五千元，以云今日殆十之与

① 又缪氏后记李雨亭、徐苍崖，亦斐娓有致："李雨亭与徐苍崖，在厂肆为前辈，所谓宋椠元椠，见而即识，蜀板闽板，到眼不欺，是陶五柳、钱听默一流。尝一日手《国策》与余阅曰：此宋板否？余爱其古雅，而微嫌纸不旧。渠笑曰：此所谓捺印士礼居本也，黄刻每叶有刊工名字，捺去之未印入，以惑人，通志堂《经典释文》《三礼图》亦有如此者，装璜索善价，以备配礼送大老，慎弗为所惑也。"

一。唯去春曾购定中华书局本《图书集成》一部，价九百元，后不知何故，竟毁成约，于是翰文乘之，以集成局本原价八百元之全书，勒索至九百余元，不得已买之，当时殊引为憾，及今思之，只觉其太廉耳。今暑气候炎焰，为数十年所鲜见，每于夕阳既下，伥伴朱雀道上，以散郁陶，则苦茶一瓯，与肆中人上下今古，亦得消闲之趣。一日，忽见上虞罗氏书甚伙，询之则自大连寄至者，若《殷虚书契》前后编、《三代吉金文存》、《楚雨楼丛书》等，皆学人视为珍奇，不易弋获者，而其价动逾千百，亦非寒士所能问津。余于甲骨无趣味，而颇喜金石，到京以来，收得不多，唯有某君出售《周金文存》全书，索价每册只二元，诧为奇贱，亟以二十四番金市之，实来京一快事。《三代吉金》，印刷精美，断制谨严，较之刘氏《小校经阁金石文字》《善斋吉金录》等有上下床之别，容希白氏《商周彝器通考》言之详矣。去岁尾予代某校托松筠阁自平寄一部，二十册，价八百金，北流陈柱尊先生见而欲得，又嫌其值之昂，今保文之书竟高至千二百金。予友余君，亦有金石癖，既以重值买其《殷虚书契》以去，又取此书，玩赏数日而归之，盖囊中羞涩，力有不胜。余拟以分期缴款方式收买，甫生此议，已被某中丞捆载而去，悔无及矣。小品书籍之略可言者，徐钒《本事诗》，初印本也，有叶德辉收藏章，余以二十元得之；《天咫偶闻》，知堂老人所最喜也，以四金得之；董刻《梅村家藏稿》，二十八金，影印《西厢记》，二十金，罗氏影印《草窗诗集》十金，皆非甚昂，记以备忘。嘉业堂藏本及印行各书，余代某校收买者，则有《小校经阁金石文字》、《善斋吉金录》、《宋会要》（嘉业本，北平图书馆印）、《雪桥诗话》等。

保文南有国粹书局，乱前颇有藏书，毁于兵燹，今虽复兴，而书价奇昂。余喜搜罗地方掌故之书，如《天咫偶闻》《郎潜纪闻》《日下旧闻》《啸亭杂录》《簷曝杂记》《春冰室野乘》诸书，皆日常用以遣睡者，举目河山，不胜今昔，三千里外，尤绕梦魂。某晚于此店邂逅《旧都文物略》一帙，乃秦德纯长北平市时所辑，虽搜访未备，而印刷殊精，在今日已难能，不意索价至八十元，以爱不能释，终破悭囊畀以七十五金，自是不甚过其肆。闻友人云，该肆总店在申，居积殊赢，京肆生涯初不措意，则无怪其拒人于国门之外也。与保文相对者，有艺文，乱后始设，凌杂不堪，主人以贩书南昌为事，初尚有益，今则数月无耗，其肆无佳品，唯曾售余中华本《饮冰室全集》一部，乃任公集之最全本，按其价四十元八折，今商务、中华之书，靡不增至十倍，此可谓奇遇。艺文之邻，有南京书馆，专售商务出版品，其主人前商务宁局伙友也，战后商务新刊，不易抵京，赖此店及中央书报发行所为之支撑。余所购者，如《缀遗斋彝器考释》，原价三十五元，后改为七十，市售则加三倍，购时真有切齿腐心之思，然甫三月，余已有倍蓰之利可图，今日之事，又岂人意所能逆料哉！他若《越缦堂日记续编》《愙斋集古录》连《剩稿》、影印《营造法式》、大典本《水经注》，及各种法帖画册墨迹，罔不以加三加四之值购得，而与《缀遗》之事如出一辙云。

自朱雀路过白下路而北，旧名花牌楼（明蓝国公府大门，建筑富丽，后虽以罪毁，仍存是名）。今日太平路，乃战前新书业荟聚之

199

区，中华、商务之赭垣黔壁，触目生愁。自物资困窘，纸贵如金，营出版业者，谁复肯收买稿件，刊行新籍，且撰著者风流云散，即欲从事铅椠，亦有大雅不作之叹。职是之故，新刊图籍，价目日新月异，黠者咸划去书籍板权页之价目，而随意易以欲得之数，使购书者参酌无从，啼笑皆非。太平路最南路东曰萃文，肇兴于状元境，亦老肆也，藏书颇有佳本，惜不甚示人；其陈于门面橱窗者，举为下乘，余买书于此店甚多，都不复记忆。去冬岁暮，天末游子，方有莼鲈之思，忽其主事者袁某人，曰有袁氏仿裴刻《文选》一部，精好如新，适余于数日前在莫愁路冷摊得同书首二卷残本两册，一存目录及李善表，一存卷一班赋，而书顶有广运之宝，方山（薛应旂）、董其昌、王世贞诸印，既以常识审之，证以赝鼎，又以其不全也，置之尘封中而已。今闻有全书，不禁怦然心动，乃索至八百元，犹假岁尾需款为词，介之某校，出至六百，袁坚持非七百不可，北中某估，与余稔，曰，可市之，不吃亏也。余摒挡米盐度岁之资而强留之，始知为张氏爱日吟庐故物，凡三十一册，每册二卷，目录一卷，虽经装裱，纸墨尚新，因念明刊佳椠，近亦不可多得，如此书战前不过二百元，绝非可宝，今则诧为罕遘。后此书终以原价为平估掮去，至今惜之。他若明刻《文章正宗》之类，平平无奇，而索值极高，殊可恚恨。余曾入其内室，则见明覆宋小字本《御览》，商务初印《古逸》及《续古逸》丛书，皆精佳，唯一时无出手之意，遂不能与之谈。尤可笑者，某日天雪，以清末劣刊《金瓶梅》来，索至二百金，余察其离奇古怪之图画，讹夺百出之字体，咄而返之。昨读周越然先生在《中华日报》所记买此书之故实，不觉亦哑然有同感也。萃文之北曰庆福，肆尤古，主人深居不肯出，虽知藏书不少，而未能问津。今秋陈斠玄教授全部藏书出售，此肆独获其精者，秘不告人，留待善值，欺人孺子，诚恶侩矣。庆福对面曰文库，林姓，扬州产，乱后营此小肆，以出租小说糊口，亦稍稍买旧刊及西书，曾以三十元买《热河志》而以五百金鬻之，堪称能手。余见其肆多有国立北平图书馆西文藏书，殆变中南徙流落于此者，滋可叹息！

状元境仅存之书坊，自东而西，曰幼海，曰文海，皆扬州籍。幼海索价，胡天胡帝，莫测指归，又恒开恒闭，在存亡之间；文海地势较冲要，客岁余买其龙蟠里图书馆藏本不少。龙蟠里者，陶文毅公办惜阴书院之地，前临乌龙潭，右倚清凉山，管异之所记盋山，即此，故又称盋山精舍。端午桥在两江任时，买丁氏八千卷楼旧藏，遂扩为江南图书馆，藏书为东南冠，商务印《四部丛刊》，佳本多取诸此，既成而隐其图记藏者，至今馆人诟焉。战前由柳诒徵翁主持，编刊目录，影印孤本，盛极一时，自经丧乱，悉付劫灰，尚不如中央研究院诸书，得假他人之手，略存尸骸。其善本或散入坊肆，余前曾得有伊墨卿《留春草堂诗钞》，小字明覆宋本《玉台新咏》，皆嘉惠堂故物。文海所售者，如明本《警语类抄》，字体精美，足资赏玩，《弇山堂别集》，有丁松生亲笔校记，朱黑烂然，致足宝贵，皆怂恿某校存之，盖公家藏弄，终较阂之私人邸宅为佳也。此店又多太平史料之书，抄本更伙，唯影印《忠王供辞》，余托其寻索，迄未报命。善文书店，在中间路南，主人殷姓，保文堂旧徒，乱后自营门市，余于二十八年秋，以三元贱值买广东刊巾箱本《七修类稿》于此，后更买其《清史稿》，当时为所绐，价百五十金，其后始知市值不过百二十，然今则非五百不可，向恨矇瞳，今诧胜缘焉。又从其买英文书若干册，旧师郭彬龢所藏，估故不识，每册索一元，皆专研希罗古文学者，此等事盖可遇而不可求，非可以常理论者。善文西曰会文，韩姓，亦新设，其人谨愿，书价和平，余每月必买少许，而不甚得之书，往往彼能求获，如《日下旧闻考》，为研旧京掌故必备之籍，燕估犹多难色，去冬郭由扬州买来，价不过二百八十金，为某校所买。清末名臣奏议，及方志诸书，出于此者甚不少。余所得书之更可念者，如《越缦堂诗集》，陶濬宣旧藏也，《十驾斋养新录》，薛时雨故物也，书固不精，前贤手泽可贵耳。《越风》《喻林》一叶两书，在故都价甚大，而此肆则不甚矜惜，得以微值收入。韩为人市侩气较小，亦使人乐就之一因。状元境旧肆，如天禄山房、聚文书店，今皆不存，唯集古一肆，伶俜路北，尘封黯壁，长日无人，徒增观感。萃古山房，原亦在此，且书板甚多，事变前龙蟠里所得段氏《说文》手稿信札等，皆此肆所售，乱后生活无着，书板多充薪炭，或以微值鬻人，今其老店主每谈及此，辄唏嘘不止。顷另设门市于贡院西街，门可罗雀，闻已应陈人鹤先生之召，为钉书工。余最喜听其谈南京书林故事，有开元宫女之思焉。贡院西街在夫子庙，书坊历历，唯问经堂最大，主人扬州陆姓，干练有为，贩书南北，结纳朱门，以乱前萃书书店之伙友，一变而为南京书业之巨擘。其人不计小利，而每于大处落墨，又中西新旧杂蓄，故门市最热闹。余买书甚多，不能详记，春间彼自江北返，得《越缦堂日记》全帙，向余索新币三百金，旧币四百五十金。余适有某刊稿费未用，力疾买之，而俄顷新旧之比已二与一，余则用新币也。虽然，不稍悔，盖余最喜阅读日记笔记，平日搜罗，不遗余力，《翁文恭公日记》，曾有海上某友转让，索百八十金，以其昂，漫应之，而不日售出，遂悔不能及，今遇此好书，岂可失之交臂耶！周越然先生云：一遇好书，即时买下，万勿犹疑，否则反惹售者故增其值，即上当亦不失为经验。余颇心折此言，且早已实行者。昨余又过其肆，则陆某向余大辩其书价钱之廉，并愿以新币四百五十金挖去，余笑而置之，估人亦狡矣哉！然此事不成，则又以《三古图》一部盅余，上有伪造文选楼及琅嬛仙馆珍藏图章，索至三百金，清印明刻本，市上恒见物也，余亦一笑置之。

买书不能专走坊肆，街头冷摊，巷曲小店，私人之落魄者，佣保寒贱之以窃掠待价而沽者，皆不可放过。莫愁路之黑市，前既言之矣，二三年前，犹可得佳品，近日则绝无。路侧，有曰志源书店者，鲁人陈某所设，其人初不知书，以收破碎零物为业（京语曰"挑高箩"，以其担箩沿街唤买，如北京所云之"打小鼓的"然），略识之无，同贩中之得书者，辄就请益，见书既多，遂专以收书为事，由担而肆，罗列满架，凡小贩之有书者，咸售于此，故往往佳著精椠。余所得有最初印本《㧑古录金文》，裁钉印刷，皆上上，而价只五十金；刘氏《奇觚室吉金文述》，虽翻印数次，而坊间仍无书，亦于是买得，方氏《通雅》，虽不精，只十元；鲍氏《观古阁藏龙门造像》拓本数册，陈伯萍藏汉魏碑帖多种，咸自此散出。最近陈氏家人更以所弃扇面百余件附售，余过而观，有包世臣、李文田、王先谦、王莲生诸名家手迹，弥可宝贵，索五百金，余方议价间，已为议者窜去，颇自悔恨。唯收得旧拓片数十纸，每纸不逾数角，内有匋斋宝铁斋旧物二，尚足自慰。又见其乱书中有戴传贤书扇，并张道藩君所藏康勃夫素描集等，昔为沧海，今日桑田，大有《金石录后序》之悲矣。

荳菜桥边一肆，亦以收旧物而设门市者，其人张姓，嗜饮，性畸，逢其醉，无论何物，皆以"不卖"忤人，否则随意付钱，可得隽品，所收书画良多，珂罗板碑帖尤伙，以不善经营，数在其肆外告白："本店无意继续，愿顶者可来接洽。"于是由书肆变而为售酒之店，昨过其地，则酒店又闭，想瓮中所储，不足厌刘伶之欲，此公亦荷锸行矣乎？

凡余所记，拉杂之至，又无名本秘笈，唯是世变所届，存此未尝不可备异时谈资，谅大雅或不以琐猥见訾欤？

壬午重九于金陵冶山下

（原载《古今》一九四二年第十一期，原题《白门买书记》）

薛甡生：

街头巷尾，连环画摊奇多，坐于矮凳上浏览的孩子比比皆是

薛甡生（生卒年不详），江苏盐城人，撰有《南京杂景》《天寒岁暮话金陵》《新民报停刊纵横谭》《南京的三难：找事难，入学难，交女朋友难》等描写南京的文章。译著有《苏联自然地理》《苏联幼稚园小班教程》等。

在通都大邑内，去书局揩油，已成了一部分知识分子的经济而有益的消遣了。南京的书局，大率集中于太平路，新街口亦不在少，每日下班后，各书局内总是拥挤异常，而究其实，肯掏腰包的十不得一，因为这个年头，有钱的人不屑读书，想读书的人无力购置，于是只有出之揩油一途。书局伙计态度尚佳，并不使揩油者难堪，善意的解释，则是同情买不起书的穷措大，恶意的解释，则是因为揩油者太多，无可奈何而出此。所代售的书刊，京、沪、平、粤出版的皆有陈列，香港的甚少，早先在上海出版的左倾书刊相当受人欢迎，自共产党代表撤离京沪后，不停刊即迁往香港，入口不易。目前之杂志群中，论销路，上海出版的《观察》《时与文》实居领导地位。

南京究竟是个政治都市，各报刊上什么内幕新闻，极其众多，

不少报刊且勾心斗角，以此为特色，大肆渲染，借广招徕；一部分报刊则注重趣味，加深黄色，以推广销路。专门登载内幕新闻的杂志有《中国新闻》《自由天地》等，尚能受人欢迎。若干小刊物则对内幕新闻与黄色消息，双管齐下，俨然是一种混合。

本京发行的日晚报，共有十五六家，以《中央日报》销路最大，约三四万份，其次推《救国日报》《大刚报》等。《中央日报》张数最多（两张半），内容丰富，消息慎重，社论平稳，不过太慎重平稳，一般人看起来似乎不大过瘾。《救国日报》最称刺激，以反共反贪污的急先锋自命，讲话十分勇敢，对豪门、贪污、各种黑暗攻击不遗余力，常常用头号字印出"请杀孔宋"的标题，修辞又不考究，想到便写，明白如话，所以小市民及军人对它喜爱逾恒，不过偶尔骂得过火，是美中不足处。《大刚报》新闻编排平平，副刊却还要得。《新民日晚报》及《南京人报》，新闻比较平均，比较敢讲话，亦博得一部分读者的青睐。官办的报纸，因有所顾虑，消息往往畸重畸轻，民营的则无所缺陷。但是消息方面最丰富的，仍推沪版《大公报》，因此该报畅销本京知识分子；《申》《新》二报活跃于商界。就笔者的冷眼旁观，南京人士对本地报纸的兴趣，远逊于上海出版的，且沪报朝发夕至，航空寄递上午即到，方便异常，因此销路不恶，究其主因，沪报内容确实优于京报甚多。

本京发行的杂志，究竟有多少，笔者未曾统计过，不过读者喜欢上海杂志远超越本京的，亦如报纸然。本京杂志中，以《中国新闻》《自由天地》《世纪评论》《周末观察》等较受欢迎。《世纪评论》

和《观察》差不多，言论深刻；《周末观察》才出三月，内容尚称活泼，对苏联采批评态度。若干杂志根本无人翻阅、购买，却能按期出版，令人称怪。

书局中，商务、中华、世界、正中等六七家老牌大书局，以发售本版教科书为主，其余的小书局，以发售杂志、文艺书及教育用品为主，而一般非正统的书，也相当吃得开。本京发行新书的出版机构，殊不多见，因为印刷条件比上海差得多，有了书，总是到上海去印，甚至少数插图考究的杂志，也在沪滨印刷。专卖外国新书的书局有中外、龙门、艺风、东亚等六七家，多的是美国货，像《生活》（Life）一类的刊物，相当吃得开，因为插图特多，印刷精美，而售价低廉，不少男女虽然看不懂原文，也愿意买本把浏览，走路时则挟于腋下，以染有流行的美国风而沾沾自喜，一举两得，用意固别有所在。英国出版物颇为稀少，龙门倒还有不少的德文书，大率是一九三七年以前的影印大学教科书，或什么手册（Das Handbuch）之类，以科学方面的居多。德国的手册，不像中国的什么手册仅仅一两百页，它们往往是赫然巨帙，洋洋数十万乃至百万言。俄法文书刊根本缺如，苏大使馆新闻处内，陈列有若干俄文读物，可以坐阅，不过数量也少得可怜。

旧书店泰半集中于太平路南段及夫子庙一带，中英文书都有，论量数，比起上海卡德路、霞飞路的旧书店相去甚远，也有小量的旧德文书，大率是一九三七年以前的，买旧西书如内行，可以买到便宜。明瓦廊有一家旧西书店，内中独多德文日文的，都是胜利后离京德日侨民的遗物，德文书颇多巨帙或经典著作，虽然旧了一点，不过价格之昂，令人咋舌，常常比物价指数还高，大有"奇货可居"卖不掉无所谓的气概。

至于图书馆，公开供人阅览而又像点样的，只有成贤街的"国立中央图书馆"，该馆屋宇狭小，书亦不多，且不能借出。杂志室中，美国货特众，竟多于中文的，英国的亦有，唯数量甚微，俄文的一册竟无，德法文的更谈不上。读者十九为学生，很少有公教人员，后者泰半为柴米油盐所苦，哪有心绪来读书。胜利后，该馆从日人手中接收了三四万册日文书，听说仍是整理中，开放尚待时日。

上海的黄色刊物，一年前曾风靡一时，今则大非昔比，数量锐减，销路亦差，因为那些刊物老是那一套，无推陈出新的能力，日子一久，便为人所厌弃。本京若干小书摊虽然代售上述的方形刊物，但是购者寥寥无几。上海出版的小报，如《铁报》《光报》之流，倒相当受人青睐，因为它们包罗万象，内容精简，同时往往富于特殊的政治经济等消息，颇合于茶余酒后消闲之用。街头巷尾，连环画摊奇多，坐于矮凳上浏览的孩子比比皆是，内容大率陈腐，不合时代。听说当局近代预备加以禁止取缔，但是根据过去的各种经验看来，如无代替品，禁示取缔恐难收效，最高限度，亦不过把"白市"逼成黑市而已。

（原载《社会评论》一九四七年第五十二期，原题《南京书话》）

第五编
学校巡礼

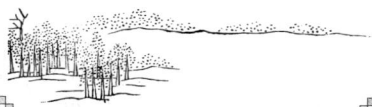

王穆清：
燕子矶小学校舍并不小，校役却一个也不用

王穆清（生卒年不详），江苏宝山（今上海市）人，1924年毕业于宝山县立师范学校。后在宝山刘行六小任教。撰有《乡村小学的自然教学研究》《小学儿童自由发表的研究》《儿童玩具的研究》等文章。

我们宝山这次赴宁锡的教育参观团，是由教育会里面组织的，参加的先生们，是请督学教委诸位先生直接指定。有的是中心小学里产生，有的是优良小学中选出，末学如我，办了一所乡村小学，也得参加在内，真是幸欣！可是我眼光浅近，经验不多，哪里配得上去参观组织复杂而设备完全的小学呢？自然只是目迷五色，莫名其妙，自知惭愧得很，聊当充数罢了。

我们一共去参观了十多个学校，这十多个学校中，一大半是城市小学，乡村小学不过三四所。俗语说得好："三句不脱本行。"我是办乡村小学的人，所以只把在乡村小学校中见到的、听到的情形来说说。那些城市小学，一则我的学识经验配不上，一则离我的生活远些，只好不说。

我们这次参观的乡村小学，只有南京的和平门小学、燕子矶小学、

晓庄小学和无锡的河埒口小学。可是这四个学校中，和平门小学，我们因为要到燕子矶小学去，路过乘便进去看了一看，那时时候尚早，没有看得快畅，所以没有什么可以说。晓庄小学，他们正在试行教学做合一的主张，我因为本领关系，看了不知究竟，所以也不能说。河埒口小学，我们很高兴去看，他们却放蚕假，谢绝参观，我们虽和该校当轴再三商量，得到进去略略地走了一遍，可是不得全豹，所以更没有什么可以说。我在燕子矶小学参观的时间，比较长久一些，我想只把该校的近况来说说，可是在本志上已经有人说得很详细了，所以我也不能说了，因此我只把参观该校以后的心得和感想写在下面。

一

我虽是在僻处乡村地方办学，可是很喜欢到人家的学校里去参观。我觉得在任何地方，那学校附近的四周，墙壁上门窗上，总是有蚯蚓式的铅笔线和粉笔线，或子恺式的图画和文字，这是学校里训育上缺少爱护公物的训练的表现。这次我到燕子矶小学去，也注意了这一层。觉得他们的校门口，两旁的墙壁上，粉刷得十分洁白，上面却没有一丝的铅笔和粉笔线，或图画和文字。就是燕子矶全村，也不多见，这足见该校训练的效果，儿童们不愿意做无意识的举动，确是爱好公物的表现。——在燕子矶顶上的碑亭上，虽有细小的铅笔字，是一般游客写上去做纪念的。

小学生做早操　摄于 1930 年前

二

一般普通的学校里，有了一两百个学生，校役总要有三四个。学生自治会中，明明有什么卫生局、清洁部等组织，训育标准上总是定有养成清洁的习惯、注意卫生等条文。可是实际呢？什么卫生局、清洁部、训育标准等，不过装饰门面、遮遮当局的眼睛罢了。校内的一切清洁事宜，三四个校役常常忙得不亦乐乎地打扫。可是还东有灰尘，西有字纸，让儿童只是机械式地上课和操场上去瞎玩。这种教育，把儿童抛弃了，还来骗人，是欺人的教育，也是假的教育。我参观了燕子矶小学，觉得他们学生也有两百人左右，校舍并不小，校役却一个也不用。可是学校的内外，处处打扫得十分清洁，件件布置得井井有条。不怪陶知行先生参观了他们的学校说："屋角上，桌缝里，都可以看见精神的贯注。"这一点，就是燕子矶小学办理得真切，也就是过人之处。

三

我觉得学校里的训育，决不是教师空讲几句话，定些不实在的训育标准，可以收效的。一定要教师能够以身作则，肯领着去做，才有好的效果。譬如儿童懒惰，不肯打扫校舍，那么任你提高了喉咙很严厉地逼他去做，可是他总不高兴的。你如果自己先拿起扫帚来，领着去做，那么儿童没有不高兴的，一定能够随你去做了。燕子矶小学那位校长，很有这种精神，他有空的时候，往往执着锤子和扫帚，在校内外钉钉打扫，所以陶知行先生的《半周岁的燕子矶国民学校》一篇文里有"……有人讲他是钉锤校长、扫帚校长……"的话了。不怪养成了一般学生也都拿起锤子和扫帚来做了，弄得整个学校全个社会精神十足！佩服！佩服！

四

燕子矶小学，开办以来，我从他们的历年学生数目统计图上看来，已经十八年了。我因想到同在燕子矶地方，同样的学龄儿童，为什么从前不见得什么好，现在却为优良小学而闻名全国呢？有人说："这是给国内几位教育家参观了以后，把他说好的。"那么我未免孩儿似的问一句："为什么从前不说好，现在却说好了？为什么别校不说好，却说好了该校呢？"我想这一定是教师们本领的高下。可是我不敢说该校的教师们的本领高到如何的地步。但是他们肯用尽心力来改进学校，改进社会，这是彰彰的事实。所以我又想到要改进我国乡村学校，只有把教师们的本领改进是最有效果的啊！

五

大家都知道，要学校办得好，一定要得到社会上一般人士的信仰。我看燕子矶小学，社会人士的信仰好极了。我们去参观的时候，问问一般乡民道："这里的学校办得怎样？"他们都说："好极了！学校里不单是教小孩子读书，他们还能叫小孩子写信算粮票……他们不单是学校里打扫清洁，而且把我们这街上也打扫得清洁了……"我们街上吃午饭，走进一家饭馆，我们问："这里吃饭，可有便宜的办法吗？"他们说："这里学校里的先生，常常来对我们说的，饭价要划一，要注意卫生，不要欺瞒人家……所以我们自知很公道的，来客是一律看待的。"我们就在那里吃饭。看看吃饭的屋子，倒也弄得很清洁，也有学校式的布置，听说也是学校里去教他们做的。从上面的话看来，该校改进社会的精神好极了，社会上对于学校的信仰，也好极了。

六

我国乡村教育，所以不发达的原因，恐怕教师的生活不安全也有关系的吧！因为生活不安全了，当然要去找其他的事情来做了。坏的做不道德的事情，好的做教育以外的事了。像燕子矶小学，一面是夫妻共校，办事上可以得到共商共行好处，还提高了不少的研究兴味；一面地处名胜，常常可以得享自然景色的乐趣。这样一来，生活自然可以安全，生活既得安全，自然乐于办事了。我觉得该校所以能达今日的地位，生活安全，却非无因。

七

有许多学校，他们布置得十分周到，板壁上，门窗上，都是花花绿绿，美丽得很。这种布置，有的人说很讲究美育；有的人说讨好了花纸店。哪一种说话对，我却不敢决断。不过我觉得一个学校里，布置得太美满了，恐怕反要把儿童的脑子弄糊涂的，并且一定常常要去修补掉换，否则要弄得不像样子的。那么教师一天到晚忙着训管、教授、预备、整理……哪里还有工夫去常常把布置的东西修补掉换呢？于是像燕子矶小学，我见到他们有几个教室里，上面用麦和彩纸相间来做的花链条，已经陈旧得发霉了。想来也是教师太忙，不能去修补掉换的缘故呢！

八

有人说：在一般参观人出进多的学校里，他们因为要遮瞒参观人的耳目起见，往往敷衍场面，反把正当的功课弄糟了。王秀南先生他在《教育杂志》上发表的《小学教育之危机及其今后改进之方法》一文中说："最近南京特别市举行全市小学毕业生之会试，曩所奉为优良小学者，其毕业生之被取，只十居其四；而无名小学向为参观人所不睬者，反个个而不落选……"恐怕就是这个缘故吧！我们到燕子矶小学参观的时候，是上午十点钟多些，后来到十一点钟模样，福建师校也来参观。那时该校低年级正在上算术课，看见福建师校来参观了，算术课却不结束，半途中止，打起琴来，叫学生劈劈拍拍地跳起来了。这恐怕就是为了参观人，把算术课抛去了，叫学生跳起来的吧！

我写到这里完了，唯上所云云，实是我参观了燕子矶小学后的所感，信笔写来，恣无忌惮，自知难免为故步自封者所曲解，愿我小学界同志谅之！

一九二九年七月十四日

（原载《中华教育界》一九二九年第十七卷第十二期，

原题《参观燕子矶小学以后》）

沈晋元：

扶轮小学新闻社有小周报、小时报（日报）、童报（周报）三种

沈晋元（1897—？），字冠英，浙江吴兴人。1916年毕业于吴兴中学。1918年肄业于商务印书馆函授学社英文科。1923年进入上海国语专修学校师范讲习科学习。1932年毕业于湖州合作社讲习会。曾在吴兴私立商业小学、墨浪湖小学任教。

教育是活的、动的，随着时代而进展的；如果我们故步自封，不努力进修，易沦为时代的落伍者。进修的方法很多，但莫善于组织教育参观团。然兹事体大，不能一时实现。本月十七日为星期例假，因同志戴君有同学孙君士仪，执教于浦口扶轮小学，就邀请同往参观。是日虽系例假，并不上课，无从观察其活动概况，然蒙孙君殷勤招待，详细指示，可资借镜处甚多，获益实匪浅鲜，爰将参观所得，录述于下。

一、校舍及学级编制

该校系由铁道部拨资设立，初由前北京交通部管理，创办于民国十一年十一月，现由铁道部管理。地点自津浦路浦口车站左行，经月台，过东后河沿，即达该校。校舍为铁部建造，分西院、中院、

东院三部，计十五教室（内一室，因学生过多，将大礼堂改成教室），操场三处，办公室三，又有图书室、合作室、会客室、膳室、厨房等，占地五亩一分。进大门，在二门上，附有银色木质的人扶大轮的图案，这是扶轮的取意吧？西院为楼房，中、东两院为平屋，最近因学生数骤增，已设立分校于六股道西，计两教室。该校教室，取左右两面采光，墙壁髹以白色，不用石灰，自地板起约四尺高之墙，髹以绿色油漆。校址高燥，光线充足，空气清新，环境幽静，闻下年度，拟将东操场改建楼房，以资扩充学额。

该校学级编制为单式，现有一上、一下甲、一下乙、二上、二下、三上、三下、四上、四下、五上、五下、六下，十二级，计儿童九百余人。招生时，一年级新生，除智力测验外，尚有学力上的测验，以示限止。

二、经费

该校为铁部部立小学，经费系由铁部总务司函咨津浦路局发给，所有一切重要设备，由校长呈请铁部购置实物，运校使用，其他如教职员薪水、校中办公杂支等费每月约为一千五百元，全年经费约一万六七千元，如须临时费，尚可呈请另行支给。闻教员月薪最低为四十五元，现有教员三十人，男性为三分之二，女性为三分之一，师资以晓庄毕业生为最多，上学期闻有九人。但聘请教员之权，是属于铁部，校长无权顾问。

三、设备

儿童用的桌椅，为双人桌椅。系前排椅与后排桌相连，且用螺钉钉住地板上，不易移动。椅的坐板，可向上折起，故对于洒扫也很便利。有儿童图书室，储藏图书甚多，其他校具仪器标本图书，亦甚完备。

四、行政

行政系统分总务、教务、训育三部，训育部下面分娱乐股、健康股、童子军团部、课外活动股、奖惩股、监护股、家庭联络股、公民训练股等八股。教务部下面分编辑股、研究股、低级教导股、学艺股、成绩股、测验股、教学股、学籍股等八股。总务部下面分出版股、保管股、统计股、布置股、图书仪器股、会计股、事务股、文书股等八股。又设研究会，研究全校行政及教导问题，设经济稽核委员会审核全校经费。分校则设主任一人，教员若干人办理一切。

五、训育

该校对于训育方面，分八股。公民训练股，于学期开始时，印成公民训练标准信条小册，分发儿童反省外，用比赛奖惩，督促实行，并另定时期为中心训练，作公共训练。考查法，学生用《反省表》，教师用《观察表》，每月统计一次，学期终了，按照条文多少，定为等第，甲丁两等儿童，交奖惩股，分别奖惩。奖的方法，利用名誉、物质两种；惩的方法，为记过、悔过、停学等。据孙君云，对于顽劣儿童，集聚反省处，每日由校长成训导级任训话，刺激至相当时期，使反应自省忏悔后，得免至反省处受训，效果很大。其他如儿童自治组织，有儿童生活团，组织亦称完善。其中卫生股由铁部派卫生专员，指导组织卫生队，设卫生专室，办理学校卫生事宜，部发药品四十一种，器械三十种，表册五种。合作社营业范围，为生产、消费、信用三种。新闻社刊物，有小周报、小时报（日报）、童报（周报）三种。又利用各种比赛，如秩序清洁等，有早会、夕会、周会、级会、恳亲会。每届学期考试后，予以特殊活动三天，如体育、表演、卫生、假期生活及作业指导、运动、校务及时事报告等活动。又该校已有童子军组织，为六三〇团。

六、教学

该校教学方法，低年级采用设计法，现在非常时期教育中，故对于布置环境，以国难为中心，如走廊前有各种关于东三省及日本的统计图表。其他如有学艺比赛，以鼓励儿童学业进步。方法分选手比赛、全体比赛、自由比赛三种。用书，约为中华的《卫生》，商务、开明的《国语》，世界的《算术》。

七、成绩考查

课业订正，分儿童交互订正，及教师个别订正，共同订正。成绩的揭示，有分级揭示、分科揭示、特种揭示三种。考查用测验法。记分用学点制及常态分配。考分 × 学点分＝各科分数。［（一学月）

+（二学月）+（三学月）]/3 $\times \frac{60}{100}$ ＝平时分。学期考分 $\times \frac{40}{100}$ ＝学期分。

平时分＋学期分＝各科总分。累计各科总分，为儿童个人总分。总分八十五分，得超级。六十分得升级。六十分以下，须留级。四十五分以下须降级。

八、推广事业

该校晚间有职工夜学，系不和日校相关连的，是独立的。校长教员，均由铁部另行委任。时间在每晚七时至九时，上课两小时。待遇也最低月薪每人四十五元，现有教员三人云。

九、尾语

我们这次参观，事前没有组织，又没有计划。参观时也没有记载，只是走马看花，所以仅凭记忆所及，拉杂记述，错误遗漏，在所难免。还祈该校予以匡正为幸。

于首都市立四所村小学

（原载《进修半月刊》一九三六年第六卷第二、三期合刊，
原题《参见南京浦口扶轮小学记》）

朱少侬：
金陵女子大学在南京有"小皇宫"之称

讲述人生平不详。

正值东篱花放、北屋秋高的时令，吾校青年会，有参观团的组织，参观地点，金在本城：（一）模范监狱，（二）江南造币厂，（三）江宁电话局，（四）金陵女子大学，分期参观。照选举的方法，由末后一个起，所以金女大首先参观，也是我们参观团第一次的出发。

十月二十三号（星期六），下午四点钟，吾校青年会游艺股长某君，率领参观团，欣奔金女大，该地形势，似东坡的醉翁亭上说，"环皆山也"，也好像 R. L. Stevenson 的游记（*Canoeing*）里面所说，"在山谷之间，有许多红色的屋顶，在树木丛中现露出来"。但这些屋顶是黑色的，该校校舍，建筑形式，颇似我们中国的大庙宇，雄壮且美丽，陈列雅致，所以在南京地方，有"小皇宫"之称。我们参观团，人数虽少（仅全校的三分之一），到她们的礼堂里面，颇

金陵女子大学　摄于 1936 年前

金陵女子大学　摄于 1935 年前

有人满之患，席未及暖，遂即分组，且该校招待员，慨然导引，参观一切。

参观经过：

有一组为该校同学沈祖英者，导引参观，鄙人是该组之一。由总堂出，不及数武，即摄衣登丘，在将凋的树下，粪草的中间，现有规以白灰线的平原，那是该校的网球场，旁边另有篮球及棍球场。由丘左折，下入课室等处参观。

授课室的里面，椅桌行列，颇有秩序，黑而且光粉板，分列在课室里面，地图高高地悬在墙上，有的是洁而且滑的地板，有些是水泥的，也是很洁净的。这是女子的性近，终比男子来得干净些。至于实验室里，在生物科的植物系里有几位女同学在那里用功实验，有的看显微镜，有的写植物的真，标本众多，缸里水草类漂漂，瓶里的标本，排列成行；动物系里，鸣禽野兽，陈列有序，虽不十分完全，试验尚足；音乐室里，同学练习钢琴，琴调和畅，非常的悦耳；化学物理室，药品繁多，种种仪器，颇觉整齐。图书室里，藏书虽少，然布置得法，甚为可观，许多勤读的同学，目不斜视，专心一致的，诵读参考书。在放假的礼拜六下午，大好的机会出外，而竟有许多同学，埋头萧斋，诚令人佩服。

在电机房后面，小丘之上，有白屋一顶，导者云，为该校青年会事务所，亦是村乡儿童义务学校的所在。更为邻近农人的卫生起见，设备浴室，以供他们沐浴。当时我就想到，一方面邻近的农人，非常的荣幸，尤其是那些儿童，为他们快乐；另一方面，这种牺牲服务的精神，在中国的女界里面是少见的，也是我们所敬仰的。

在我们进校门，大道直趋的时候，并没有注意到那道旁的涧溪。到参观末了的时候，瞧见那将西下的夕阳，映着澄而无波的溪水上，那时不觉令人兴起种种的感慨，因此我想到，从前英国的沙士比亚，他在树林丛中，得着许多学问，成一个当代的文学家、戏剧家；印度的泰戈尔，在恒河的旁边，得了许多的学问，而成现代的一个诗家。我当时也联想到，金陵女子大学的同学，处在这幽而且静的山谷之间，树木的丛中，和能改变思想的溪水旁边，恐怕将来也能有几个中国的沙士比亚、中国的泰戈尔出来。

在参观的时候，听见的一个招待员说："今天敝校三百号与四百号比赛。"当时如一个闷葫芦，令人莫解，后来我们走到运动场旁边，听见有"Ball one; Strike one"的呼声，才知道是三百号寝室里同学，与四百号的比赛室内棍球。看了几分钟，遂即回校了。

这篇是我参观金陵女子大学的回想，恐怕我写出来，也可以使得那没有参观的人们欣赏欣赏。

（原载《新上海》一九二六年第二卷第二期，原题《参观金陵女子大学记》）

228

任鸿隽：
金陵大学文科内容既欠充实，组织复多凌乱

任鸿隽（1886—1961），字叔永，四川巴县人。早年留学日本。辛亥革命后，历任南京临时政府秘书处总务长、教育部专门教育司司长、四川大学校长等职。曾与赵元任等创组中国科学社，出版《科学》杂志。著有《科学概论》。（原未署名，据内容可判定为任鸿隽所写，编者按）

　　窃前据金陵大学校长包文呈送私立大学应行开具事项请鉴核立案到部。鸿隽（任司长）于二月十四日奉命往沪，代表本部参加华东基督教育会，曾奉总长面谕，路过南京视察金陵大学，以凭核办。伯明（刘伯明）、秉文（郭秉文）于二月十八日奉部电派为临时视察委员，协同视察金陵大学各等因。鸿隽等遵于二月二十日齐赴南京，讨论视察各事宜，次日即往该校视察，继续两日，于二十二日竣事。兹将当日视察情形及委员等对于该校之意见谨分别陈之。

一、当日视察之情形

二月二十一日辰九时，委员等前往该校，由该校校长包文、副校长文怀恩及教职员等数人分别导引，先观校舍及设备。是辰委员等所历览者为管理馆、科学馆、礼堂、宿舍、农产藏室及医院等。除医院与大学无关外，其管理馆与各管理员事务室之外，兼备文科诸教室，图书馆亦在其中，科学馆中有化学、物理、生物、农林诸科教室及试验室。此两馆皆新建，西式楼房，宏广爽朗，亟为合用。各科设备以化学为最充富，物理、生物次之，农林科中植物标本、养蚕器具多为该教员所自行采制，尤为可取。图书室所藏中西书籍一万五千册。礼堂美丽，宿舍清洁，皆为难得。此该校建筑之大概情形也。委员等历观之际，遇授课时即入室旁听，见其授课方法多用问答，教员学生精神皆尚整顿。是日午后，复往该校农科教室参观植棉成绩，随与该校农科教员等巡览农场一周。该校农场占地四百五十亩，以桑土苗圃占其大部分。此第一日视察之大概情形也。次日上午八时半，委员等特行命题试验学生国文，题为《试言对于南京之感想》，限三十分钟交卷。与试者共一百七十人，文理通顺者固亦不乏，而误字劣文占其大半，此可为该校惜者。是辰十点钟，委员等复至该校与该校校长等作长时间谈话，细问该校组织历史、经费情形、教授方法等，复交各种表格令其填写，并于部定表格外，调阅其校长报告，三年内学校设科数目及从前毕业生论文等。是日午后该校全体教职员学生会集礼堂，请委员等演说，由鸿隽为演说《学术及宗教之关系》，勉励学生趋重实学，并宣布本部对于教会教育之意见，各教职员学生皆欢悦而散。此第二日视察之情形也。

二、对于该校之意见

该校系于前清宣统二年就教会所设之汇文、益智、宏育三校改组，当时大学设文科，至民国三年，添设医科，旋复停办，是年并添设农林科。目下所有学生计预科一百五十七人，文科一年级二十二人，又特别生二人，二年级十六人，三年级十三人；农科一年级八人，二年级七人，三年级二人；林科一年级一人，二年级二人，三年级一人，总数二百三十一人。教职员共四十六人。总费本年共十九万五千五百八十二元五角，其中出于各教会捐助约百分之四十，出于私人及团体捐助者约百分之八，出于基本金者约百分之六（基本金共十九万元），出于学费者约百分之四十，出于农场者约百分之六。查核该校虽出于基本金者为数无多，而各教会团体之捐助及学费，农场之收入尚属可靠，此观该校历年发达之历史可为证明者也。至该校现有产业、地亩、建筑、设备其见于表册者，与观察所得略相符合，皆足为该校基础稳固之证据。至学科方面，则农科与文科情形不同，似难一概而论，兹分别言之：

（一）农林科

该校农林科成立于民国三年，最初经费无着，后以成绩较著，教会中人亦渐知高等农业教育在中国之关系重要。民国八年始许该科开列预算，认为该大学之一重要部分。此后事业日加发达，经费亦渐见充裕，本年度该校农林科之预算为四万四千一百八十元，实较文科预算倍之有奇。此外，以该科学长芮思娄之奔走，经费所得于外界之补助者亦复不少。至该科学制定为五年毕业，其中本科三年，预科两年，所授功课均系按照美国农科大学程度，当无躐等降格之弊。各种学程均有实验，"远优于吾国农专校徒恃讲授之限于枯燥"。农林教授共九人，担任林科科目者二人，均为本国留美林科毕业生；担任农业科目者共七人，其中四人属于美国国籍，余皆为本国留美农科毕业生，教授中多为高材之士，此为该科发达之最大原因。唯以农科大学论，教授人数总嫌过少，且重要科目如昆虫学、植物病理学、园艺学、兽医学等专家现时均付阙如，如林科教授只有二人，尤属不敷。仪器设备则化学、植物、蚕桑、棉作诸设备标本为稍佳，畜牧农具等设备最次。唯较之吾国现有之农业专门学校则实为翘楚，其所胜者不仅在经费之丰啬，而在其宗旨、办法之适应与否。农科大学之设立，宗旨在为国家解决农业问题，其事业应包括研究、教授、推广三种，而不仅在于教授一方面，金陵办法于此三者并重，其研究事业如棉、蚕桑等均颇著成效，其推广事业亦在开始进行中。办法既甚正确，但能经费较裕，不难力求进步。要之，该校农科成绩较著，教科设备均较完备，不特为该校之特色，亦国内此项学校之翘楚。至该校林科之成绩，及办事人精神，较之农科均有逊色。且该科本科人数亦嫌过少，似不能与农科一概而论也。

（二）文科

该校文科设立最早，虽有学制，仍照部章办理，然内容既欠充实，组织复多凌乱，故就一般而论，殊无成绩可言。所谓内容尚欠充实者，如言语学在该校列为首组，而除英文外，他种文字并无相当设备；又如哲学、历史、政治、经济等科，在文科中皆为重要科目，而各科教员或由他科兼任，或尚付缺阙如。算学、物理设科虽多，正任教员亦仅一人，恐难胜任愉快，教育学科情形亦同。中国文学、历史等科，虽有中国教员二人，亦仅教授浅近文学，于重要文学历史科目未能顾及。此次考试，学生国文成绩未见优良，其平日之教授未尽得宜，与其程度之未臻深造，已可概见。所谓组织多凌乱者，如文科科目，计分四组（另有教育一组，近于师范专科亦列文科中），每组之下系以专名曰语言学系、曰社会学系、曰数理学系、曰宗教学系，此种分类方法，殊无正当理由。如以社会学概括宗教、哲学、心理、历史等科，当世无此类别。科学之中，天文、数学、物理虽可勉强以数理学系之名概之，而生物、矿质诸科则截然不类，而该校亦合而为一，殊嫌未妥。又为宗教一门，外国大学中，或以特别关系设为神学院，以养成传教人才，而在文科课程中，则为哲学之一科，该校为特立一组，亦似轻重失宜。委员等之意，以为各组中所有科目如国文、英文等均应改为系，以关系较密切之系合为数组，学者选课应以一系为主，而以同组或异组中他系之科目副之，如是方合大学培养专门人才之宗旨。唯欲达上述目的，必须增加经费，添聘教员，使各科皆成有统系之学问而后可。

（三）预科

查该校预科有第一、第二两部，第一部为志愿入文科者而设，第二部为志愿入农林理科者设之，而本科中无理科之名称，仅于文科中有少数理科科目，委员之意该校文科应改称文理科，或另设理科，庶几名实相副。

又预科课程中有宗教教育一科，每周两小时，为必修科，文科本科亦有必修科之宗教学科，此与本部近今议决之议案所谓教育训练不受宗教之限制者，未能相合，应由该校将关于宗教教育之学科皆改为随意科，庶与本部近今议决关于宗教教育之议案不相抵触。

综上观察之结果，委员等往返讨论，意见皆同，以为该校农科成绩既有可观，办法亦属得宜，应许暂准备案，用示本部提倡实学，一视同仁之意，一面仍责成该校于其缺点所在，力求完备。至文科、林科内容既未充实，办法亦欠妥善，应由该校添聘硕学为各科教员，于组织、功课两方面皆力加整顿，至科目完备，符合大学程度时，再行呈部核办。至预科、本科有必修之宗教科目，亦应改为选科，以符部议。是否有当，理合备具报告，呈请鉴核批示。

（原载《教育公报》一九二一年第八卷第八期，

原题《视察金陵大学报告书》）

234

胡先骕：

五四运动乃北京大学一大事，《学衡》杂志之刊行则东南大学一大事也

胡先骕（1894—1968），字步曾，江西新建人。1925年获得哈佛大学博士学位。1928年任静生生物调查所植物部主任。1940年任中正大学校长。先后在南京高等师范学校、东南大学、北京大学、北京师范大学教授植物学和植物分类学。著有《植物学小史》《植物分类学简编》等。

一、梅庵之风景与历史

余于民国七年秋应南京高等师范学校之聘为农业专修科植物学教授，郭校长秉文首次宴诸新任教授于梅庵，此具有乡村风味竹篱茅舍之校园遂为劳生中最堪回忆之地。庵为一以茅盖顶可陈列三四筵席之平房，四周绕以梅树十余株，榜曰梅庵，为前校长江谦所书，即以纪念前两江师范学堂校长临川李梅庵先生瑞清者也。梅庵先生在清光绪朝废科举兴学校时，创办两江师范学堂，作育英才甚众，至今遗爱犹存，清社屋时以黄冠终其身，以书法为世宗匠，平生不娶，品格清高，颇似林和靖，以梅庵为号，殆亦有和靖梅妻鹤子之意。两江师范学堂至民国二年改为南京高等师范学校，江校长乃就校园建一草庐为师生游憩之所，而名以梅庵，此名教育家之名遂随南雍

南高师校园　摄于 1918 年前

而永垂不朽，亦快事也。

梅庵面临一小池，池畔矗一老树，人称之为六朝松，实则为柏叶松身之桧也。其年亦仅数百，大约为明季之物，盖其躯干犹不及北平稷园元桧之雄伟，殆该处本有一六朝人所植之松不知何时死去，好事者乃植一桧以补之，遂相沿讹称为六朝松耳。老桧之顶曾为雷火所击，一枝拗折如虬龙，至为美观。

桧下植梅十余株，分数品种，以贴骨红与绿萼最为珍异。贴骨红著花红几与贴梗海棠相若，常与王冬饮折其枝而观之，则表里皆红，至为奇特。花时一枝横斜临水，浓而不媚，令观者徘徊不忍去，即至将谢，红犹不退，余之旧句，"覆水残梅犹尔红"，即咏此也。

梅庵中杂卉甚多，除梅外则以杏花为美观。杏之花期略后于梅，而树高花密，色淡而焕彩若明霞，颇似东瀛之樱花。东风转煦，一夜勃发，晨起观之，淡妆绰约如姑射仙人，可远观而不可亵玩焉。

梅庵为校园，不但校长教授常集会于此，各级学生如有集会亦在此举行。无集会时住一字房之教授与学生，茶余饭后亦喜来此盘桓，看花倚树，清言相酬答。吾知在千百师生心中，梅庵之风景，毕生将挂梦不去也。

二、郭秉文校长

南京高等师范学校首任校长虽为江谦先生，然最为学生所爱戴，教授及社会所尊视者则为郭秉文校长。郭校长为美国哥伦比亚大学师范学院哲学博士，江校长掌校时，郭校长任教务长，佐江校长最为有功。嗣江校长以年老多病辞职，举郭校长以自代。于是此溯源远自明代之南雍，乃逐渐形成著名海内外之国立东南大学。

郭校长隶籍江阴，尝肄业于教会学校，曾服务于海关，后乃自费赴美国留学，归国后即任南京高等师范学校教务长。郭先生躯干短而略肥，面时具笑容，吐语声柔而稍雌，然慢缓明晰而悦耳，与之倾谈即知其为干才也。其接人以和，领导学生宽而有礼，处理校务井然有条，礼贤下士，延揽名师，对于发展学校计划固密而具远识，及与政府官吏社会领袖相周旋，则又明敏圆到恰如其分，无官僚与政客之作风，故校内外翕然称之。其与江苏教育会诸领袖如黄任之、沈信卿、袁希寿诸氏接近，及与江苏督军齐燮元周旋，实主持校政者不得不尔之事，不足为诟病也。然卒以黄、袁、沈三氏之力，而创办商科于上海，齐氏且捐建一图书馆以纪念其父焉。

郭校长佐江校长创办南高时，首设文史地部与教理化部，稍后则分年设立教育专修科、工业专修科、农业专修科与商业专修科，各聘有名教授为主任，尽力延聘名教授，提创沉潜朴实之学风，故不数年而南高之声誉鹊起。于是筹改东南大学乃易于反掌，文史地部改为文科，教理化部改为理科，各专修科改为农工商教育等科，教师图书设备略加扩充，但将学生修业期限延长一年而已。

郭校长主校政时，各部门亦不免发生争执，但皆因各科负责人为欲发达各人之事业而争取经费，初无派系门户与私人恩怨闯入也。

郭校长为教育学家，自不免有偏重教育科之趋势，故教育科每易多得经费以完成其计划，而附属中学小学又颇负盛名，经费自亦充裕。他科之主持人亦凌厉愤发欲扩充其事业，其能得外界之助者，固别有活动之方，其不能得外援而在校内又不能得到充裕之经费者，自不免有怨言，郭校长周旋其间亦不易也。

郭校长出身教会学校，国学根底不甚深厚，其延聘文科教授自不免有徒采虚声之病，斗方名士往往滥竽于老师宿儒之间，故时时引起不满，然究为小波澜，与日后之易长风潮无大关系也。郭校长亦时时延请校外名流来校讲演或讲学，梁任公之讲学自为校中一大事，然如尹昌衡、江亢虎之辈亦会来校讲演，则未免有贵耳之讥。尹之哲学宗教观尤为荒谬，郭校长当时聆其言论，想亦不禁莞尔也。

郭校长一度曾经商务印书馆洽聘为总经理，然以东大成立不久，校誉之发皇正如旭日初升，而各教授又坚挽留之，遂谢绝商务之请。初不料乃败于杨铨之阴谋，然至今旧日同僚与学生咸思念不置，其去思之深有非一般大学校长所能及者也。

三、刘伯明与陶知行

东大成立时，校务繁忙，非一人所能应付，郭校长乃聘金陵大学教授刘伯明为副校长。刘氏名经庶，伯明其字也，隶籍江宁，留学美国西北大学，治哲学，得博士学位，为诚虔之基督教徒，然遂于中国之哲学，于老庄哲学尤有深刻之研究。躯干颀长，面容和蔼，即之温然，一望而知为修养有素之学者，与郭校长明敏干练长于治事者有别。郭校长自聘得刘伯明为副校长后，校内之事悉以委之，而以全力对外以求学校之发展。刘氏以谦谦君子之风度，处事接物，一秉以诚，诸教授与学生咸尊礼之，东大学风之养成，刘氏之功固不在郭校长之下也。

刘先生虽为基督教徒，而无教会气味，国学造诣甚深，故与诸国文历史教授甚为相得。西洋哲学为其专长，故了解西洋文化之精髓，而知汲引长于西文之学者，于是美国哈佛大学人文主义白璧德教授之高足弟子梅光迪、张歆海、楼光来、吴宓，连翩莅校任教授，不但为英文系开一新纪元，且以养成东大之人文主义学风焉。

刘先生不幸于十三年病逝，此予东大之打击，乃远在口字房被焚之上，为一不可补偿之损失。翌年遂发生易长之风潮，而东大乃盛极而衰。刘先生若健在，虽未必便能遏止此风潮，然以其与各科系间人之友谊与公正诚恳处事之态度，必能减少各方之误会，而予郭校长以无形之帮助。哲人其萎，诚东大之大不幸也。

陶知行与刘伯明之性格学养颇为不同，郭校长继江校长任校长之职后，陶知行即继郭校长任教务长。陶亦出身哥伦比亚大学师范学院，其在南高任教务长时，年未满三十，人颇精干，但未成熟，其中西学问似均不深厚，然亦无甚招人厌恶之习气，处事明敏，不失为一能干之教育行政人才。但其言行在当时并无足以领导青年之表现，与之相处，固无不快之感，但亦不觉为一种优秀或伟大人格所吸引，其日后思想与行为之表现，在当时殊难于觉察也。

北伐告成，东大改组以后，笔者即从未与陶先生一面，亦人生遇合上一怪事，但知其创办晓庄师范学校，以墨者之精神领导青年，颇博得社会之称誉。其太夫人与夫人皆能刻苦以佐之，具见其实行之笃而能感召其家人。其由知行更名为行知，即求以行动印证其知识，自此点而观之，彼或具有清儒颜李之精神，然晓庄运动并未能树立永久之基础，以视梁漱溟、晏阳初之成就尚觉不及。其思想虽左倾，然对于政治经济并无明确之主张，亦未能领导青年，造成一种力量，尤以与冯玉祥亲近，至招明眼人之反感，终至一无所成，赍志而没，殊可悲也。

四、文史地部几个教授

南高初创之时，文史地部虽未聘得久享盛名之教授如林琴南、刘申叔、辜鸿铭等，然亦有耆儒宿学如王伯沆与柳翼谋诸先生，以树立南高、东大文史学之基础，以曲学名家之吴瞿安则东大成立后始来校者也。诸先生中以王伯沆先生最为渊博而精于文艺，作者与之相处甚久，故知之亦最深。

王伯沆先生名瀣，别号冬饮，江苏溧水人，世居南京，故又籍江宁，然先生性嫉俗，对溧水人则称籍江宁，对江宁人则称籍溧水。少年时颇恃才傲物，于诗古文辞无不精擅，经学小学亦造诣甚深，亦精佛学，宗华严，善书法，大楷似钱南园，行书小楷则似何子贞。

陈散原先生教诸子多聘名师，伯沆先生即彦通、登恪之师也，师曾、寅恪虽未受业，亦师事之焉。辛亥革命后散原迁居上海，先生乃在龙蟠里图书馆任一末职，甚困窘，几无以供菽水，至南高成立，乃任国文讲席。

余来南高时，在一字房教员宿舍与先生比屋而居，乃得时与接谈，获益匪浅。余自归国后在南昌与王简盦、然父昆季朝夕相处，竞作宋诗，简盦宗陈简斋，然父则宗山谷，余则喜东坡，以追少陵与昌黎，于近人则嗜散原与海藏。及与伯沆先生游，则始读郑子尹之《巢经巢诗》，又得见先生手钞阮大铖之《咏怀堂集》与王霞举（轩）之《西游草》，乃渐领略大谢之境界，吴嘉纪之《陋轩诗》亦先生所赠也。先生之诗秀美绝伦，得力于阮王二人不少，然评诗则不宗一家，能尽各家之羲奥，与之倾谈，多所启发，余作诗有进境，实获益于先生之谈论也。先生精于评论，虽以陈散原先生之雄于文，亦时作一二字之推敲焉。

先生作诗各体均擅长，然尤精于五古，余最爱其游焦山诗，如"焦山不满眼，隐秀浮蓬壶。帆舟造其北，微风绿蠕蠕。楼殿柏水飞，环甃肩不踰。柽碧架高雷，江淮来委输。沃洄郁无声，一喷碎群珠……""松寥晚呼饭，客散江楼宽。散原脚不袜，冥对天风寒。舣斋澹荡人，感叹在云端……冥冥风揭帘，微微雾侵栏。象小暗如几，倦眼时一看。似闻空外音，憟魂惊风湍。""江山壮南戒，将归造其颠。浑浑元气包，高绿风扫天。佛光黯危楼，木末冷眼悬。坐见百蠻灭，沙鸟云帆烟。吾身亦邻虚，吸习烦尘煎……"皆奇秀入骨，洵游焦山之绝唱。此次与会者有陈散原三立、俞觚庵明震，与陈苍虬曾寿，各有佳作，然均不能出先生之右也。先生诗不多作，然皆极精妙，惜身后尚无人为之刊布遗稿，苟有散失，则中国文艺不可挽之损失也矣。

先生亦长于词，宗张玉田。其讲经学，不墨守窠臼，其讲《诗经》，颇推崇《诗经》原始，曾讲《论语》、杜诗与庄子，讲室内外无隙地，其能启发学生之能力可见矣。先生又长于《红楼梦》之研究，有手批本，惜未得见。先生年少时，尝于妓馆大讲《红楼梦》，其疏狂可想，先生不讳言之也。

先生为苏州大成教黄先生之弟子，此则余所不解者，据先生云，黄先生之修养已到孟子境界。此教甚奇特，刘鹗铁云所著之《老残游记》曾纪载之，铁云即其教徒，江西丰城之毛庆蕃（甘肃布政使）亦黄先生之门下也。大人先生学者愿北面受教，则黄先生应有其过人之处，然其释经又逾常轨，据闻其释"三家者以雍彻"，谓三家为大肠、小肠、膀胱，则非常人所能理解者矣。中国学者无科学训练，又好神秘之事，遂走入歧途有如此者，亦憾事也。相传大乘教徒曾设法使黄先生与佛学大师欧阳竟无先生晤谈，竟不欢而散，至今教徒皆引以为憾云。

余北来后即鲜见先生，七七事变前一年先生偕金陵大学教授胡翔冬来北平省视陈散原，是为最后一次之会晤。民二十九年余内渡，微闻先生患风痹，然尚能作诗，曾在重庆见其五律二首。先生素清贫，抗战役兴，中央大学仍照常致送薪金，生事赖以维持。二子皆病肺夭折，有一侄甚聪慧，先生望其能绍箕裘，亦以瘵卒，先生乃不忍翻阅其旧稿而藏之箧笥中。先生身后，家难迭兴，孤孀弱女，茕茕无依，能否保存其遗书与著作，殊不可知，思之恻然。

柳翼谋先生名诒徵，江苏丹徒人，少有才名，范伯子诗集中称柳翼谋秀才者是也。工古文与诗，善作擘窠书，几与清道人抗手，往往以汉赋手法作七古，雄篇巨制，王湘绮莫能相尚也。圆面修髯，善谈论，声若洪钟，自来南高，主讲中国文化史，三年而成巨著，开斯学之先河。当时北方之学风，以疑古为时髦，遂有顾颉刚所主编《古史辨》之发行。一般关于史学之研究，亦集中于史料或小问题之探讨，于是"二十四史"、《资治通鉴》等正史可以束之高阁，而《洛阳伽蓝记》一类之书反认为不能不读。南高、东大之史学在柳先生领导之下，则著重在史实之综合与推论，其精神与新汉学家不同，此则柳先生之功也。

东大易长风潮发生，柳先生为反对郭校长一主要人物，自胡敦复失败以后，柳先生不能不脱离东大。北伐告成，东大改组为第四中山大学，柳先生又回校，然不久即主持龙蟠里之盋山图书馆，先后曾刊印珍贵之书籍甚多，阮大铖之《咏怀堂诗》，即其一也。抗日战作，柳先生曾将盋山图书馆多种珍贵保存，而息影乡间，度其抱独忍饥之生活。后顾墨三将军迎往上饶第三战区司令长官署小住，继又赴陪都依其女公子，胜利后始回京，仍主持盋山图书馆。东大旧人，柳先生其为鲁殿灵光矣。

南高、东大文科旧人尚有顾实一人，别具风趣。此公籍无锡，闻与吴稚晖善，其如何来南高，为何人所推举，知之未悉，然观其仪容言行，确为一海派文人。平面无须，眼经常瞠视若有所思，足微跛，身穿枣红蜜绸袍，玄青蜜绸马褂，头戴欧西式便礼帽，喜乘包车来往于课室与一字房宿舍之间，人人为之注目。其所住之房两门之四块玻璃上，以赭土大书"天人皆欢喜，昼夜恒吉祥，南无阿弥陀佛，南无阿弥陀佛"。其为诗也，咏曾文正有句云"英雄不拜拜人奴"；其称《说文》也，曰足乃象形，于是脱袜翘其足于讲桌之上以示范。其为文支蔓拖沓无剪裁，然终南高、东大之时，此公亦与王、柳二先生同据讲席，诚可诧怪之事也。

五、学衡社与东大精神

五四运动乃北京大学一大事，《学衡》杂志之刊行则东南大学一大事也。蔡孑民先生以革命元勋主持北京大学，遂以革命精神领导北大，先后聘陈独秀、胡适诸人为教授，发刊《新青年》，打倒孔家店，加以五四运动竟奠定外交上之胜利，于是革命精神弥漫全校，偏激诡异之言论，风起云涌，不通蟹行文字之老师宿儒如林琴南辈竟无以应敌，然非举国风从草偃也。余曾单独发表一文论文学改良于南高校刊，不久梅光迪、吴宓诸先生连翩来校，与伯明先生皆感五四以后全国之学风，有越常轨，谋有以匡救之，乃编纂发行《学衡》杂志，求以大公至正、不偏不激之态度以发扬国学，介绍西学。刊行之后，大为学术界所称道，于是北大学派乃遇旗鼓相当之劲敌矣。

刘、梅、吴诸先生在此刊物中屡有精到之文发表，介绍欧西自希腊以来之人文主义，用优美平正之文言文敷陈之，文义并茂，无怪其能感人也。其时东大之高材生如张荫麟、郭斌龢等曾以文言文翻译苏格拉底之《对话》与篮朴之《梦中儿女》，至今仍为最佳之译品焉。此刊物之发行，在余个人亦为一种有意义之精神活动。余在《学衡》之第一、二两期即发表长两万言评《尝试集》一文，博引中外文学批评家之语以证明胡适之主张之不当。此文出后《新青年》《新潮》两刊物中迄无人作一文以批评之，仅罗家伦曾作一讥讽口吻之短评而已。以后余曾作评论明清诗词家之文多篇，同时主编诗词选，颇引起外来嘤鸣以感，亦快事也。

当三数友朋集议编刊《学衡》，殊无结社之意，不过志同道合之人共谋有一刊物发表其主张而已。此刊之能维持六年之久者，则吴雨生（宓）先生之功。创办之初由吴雨生任总编辑，执笔者有刘伯明、柳翼谋、梅迪生、徐则陵及余，高材生如缪凤林、景昌极、张荫麟、郭斌龢等亦常作文，外稿亦时有之，大体皆精湛。当《学衡》初出之时，周作人曾作《估学衡》一文，预言此刊物之无甚前途，不谓竟刊行六年七十二期之久。《新青年》《新潮》停刊已久，而《学衡》尚能按期出版，不能不佩服吴雨生之毅力过人也。

实则《学衡》殊为不幸，刊行不久而梅迪生赴哈佛大学讲学，刘伯明病故，余亦赴哈佛大学进修，终以东大发生易长风潮而旧人星散，余虽返东大而柳翼谋与吴雨生皆已脱离。自经此风波，各人之情绪已变，集稿已大不易，后来遂仗柳先生之《中国文化史》以充篇幅。及北伐告成，东大改组，则城郭是而人民非，《学衡》运动乃随东大而消逝矣。若刘伯明不死，东大旧人不星散，则《学衡》或能多延若干年，其影响或能更大也。

梅、吴两先生性格甚不相同。梅先生名光迪，初号觐庄，后改号迪生，安徽宣城人，本与胡适之为好友，适之之《藏晖室札记》中屡载与梅觐庄论学之言，适之本亦长于旧文学，迨后来欲以白话文为文学革命之工具，二人之议论乃不合。迪生至哈佛为白璧德弟子，深悉欧西之人文主义与孔子之学说不谋而合，自信益坚，归国后即以提倡人文主义为己任，适逢刘伯明先生亦具有同感，乃有创刊《学衡》杂志之计划，先后曾发表名文多篇。惜梅先生不勤于著作，虽有崇高之理想，而难于发表，遂使其所蕴藏之内美，未能充分发挥，因而不能发生重大之影响，殊为憾事。胡适之尝言觐庄之病在懒，懒人不足畏，不幸乃系事实，否则旗鼓相当，未知鹿死谁手矣。

梅先生来东大不数年，即往哈佛大学任中国文讲席，在剑桥曾发表名文一篇，尝有意曾文正作传记，亦病懒未就，其后则主讲浙江大学。在抗战期中，任参政员，曾栖晤于重庆，胜利之前以贫病卒于遵义，惜哉。

吴先生与梅先生虽为同门，而性格殊异。梅先生温文潇洒，乃真名士。吴先生则有关中朴学家之风，原籍三原，肄业清华，从而留学美国，天分非甚高而用功极勤，勇于负责，督教学生甚严，勤学之士咸感之。喜写诗而非有隽才，故五古虽多可观，然不中程之作亦不少，其刊印诗集也，殊少选择，亦未能请名家为之删定，遂使燕石琼琚，杂然并陈，殊为可惜。至以拜伦自况，而发生一段罗曼史，似尤非白璧德先生信徒所宜有之事也。

南高、东大在创办之初，即受郭校长之领导，养成一种平正质朴之精神。自刘伯明、梅迪生、吴雨生、张歆海、楼光来、汤用彤诸先生连翩来校讲学，学生对于欧西之文化，益有明确之认识，同时对于本国之文化，亦能为公正之评价，既不守旧，亦不惊新，于北方各大学之风气，迥然自异，加以学生皆不参加政治运动，咸能屹立于政潮之外，故校中学术空气特浓。此种精神，自《学衡》刊布以后益加强化，流风遗韵尚存于今日焉。

六、科学社对于东大之影响

科学社为民国初年留美之中国学生在康奈尔大学所立，发起人有胡适、任鸿隽、赵元任、胡明复、胡刚复、秉志、邹秉文、竺可桢、杨铨、周仁诸人。北大以蔡子民之关系，所聘之教授多为留学欧洲者；南高、东大则以郭校长之关系，所聘之教授多为留学美国者，无形中遂成为一重大之分野。至民五前后，科学社诸发起人先后回国，多为南高、东大所罗致，未在南高、东大讲学者只有胡适、赵元任、胡明复三人。任鸿隽先在北大，后亦来东大，继刘伯明为副校长。胡明复则以创办科学社之图书馆，始终在上海。此诸优秀之科学家群集于南高、东大，于是南高、东大之科学空气乃日益浓厚，学科学而大成之学生亦指不胜屈，以视五四时代之北大但以文史著称者，迥不相侔矣。

一门学科在一学校之发达与否，每每系于一两名教授之领导。南高、东大得胡刚复为物理学教授，故以物理学成名之学生特多，有秉志为动物学教授，故以动物学成名之学生辈出，亦犹北大有丁文江、翁文灏、李四光为地质学教授，北大之师生遂称霸于地质界，北大以李石曾主持生物界，遂使北大之生物系较东大落后十余年也。

七、邹秉文与东大农科

今日中国农业科学有如此之成就，大部分应归功于邹秉文先生，殆非过誉。邹先生原籍苏州，而明敏干练，凌厉奋发。邹先生留美时在康奈尔大学治植物病理学，民国五年毕业得学士学位，即归国任教于金陵大学，六年郭校长创办农业专修科，聘邹先生为主任，同时聘有原颂周先生。七年，余与张范村先生应聘为教授，同僚始共有四人，其时始招有学生两班，共四十余人。学生用之显微镜只有二十架，一切设备皆极简陋，以视在美国人所领导之金陵大学农科，则望尘莫及也。然邹先生一面扩充农场与设备，一面添聘教授，自来即以改良中国之棉稻麦为职志，又复计划农村调查，与病虫害防治，凭其活动之能力，得与江苏省政府合作，设立江苏昆虫局，聘请美国加利福尼亚大学吴伟士教授主持其事，于是农业研究、农业推广，乃有声有色而为社会所注目。农业专修科改为东大农科以后，事业日益发皇，名教授日多，学生之数亦激增，农科乃成为最时髦之一科，在校内亦引起不少之妒忌焉。

以东大与金大两农科之合作提倡改良中国之棉稻麦，不数年即收著效，尤以引种美棉收效特宏。中国原种之棉绒毛甚短，只能纺十六支之粗纱，美棉绒毛长，能纺三十二支之细纱，但美棉易于杂交与退化，必须以科学方法，育成纯种，而教导农人只种一种纯种美棉，斯能避免杂交退化之病。此等工作东大、金大两农科皆尽力为之，于是江苏之棉业乃大改观，其后乃推广至山东与陕西，农村大为富裕，中国之纺织业亦大受其利矣。

东大改组，以邹先生为拥护郭校长之人，遂不得不去职，然不久商品检验局成立，由邹先生主持其事。

邹先生为人明敏干练而性刚，待人甚厚，办事认真，无官僚政客之习气。抗战期间，陈光甫先生任贸易委员会主任委员，邹先生任副主任委员，实则一切实际责任，皆由邹先生负之，故有惊人之成绩。然邹先生虽在政府任要职，而不肯与要人相周旋，监察院于院长曾曲意纳交而邹先生对之殊淡然，因以招致于之反感。邹先生与孔祥熙有旧，在贸易委员会时，应付孔令侃煞费心思，盖徇情枉法非邹先生所能为也。罗斯福总统私人秘书居里来重庆，见中国财政之紊乱情形，乃建言于蒋介石，认为能整理中国财政者只有陈光甫一人，蒋介石颇为所动。孔闻讯思欲倒陈，必先去邹先生，又知于院长对邹先生不满，乃讽于劾邹，于遂扫撼细故劾之，而邹先生得停职处分，陈光甫遂将本兼各职一并辞去，贸易委员会于是解体。

250

陈光甫亦不得长财政，中国之战时财政亦无整理之希望矣。

邹先生对于中国之农业建设有一周密之计划，且曾出席世界粮食会议，又曾参与中美农业技术合作团，以三十年之努力，熟悉中国农业情形及农业建设之需要者莫如邹先生，然政府方以农林部为应酬政客之恩物，则农业建设之前途，尚未容乐观也。

（原载《子曰丛刊》一九四八年第四期，原题《梅庵忆语》）

第六编

经济民生

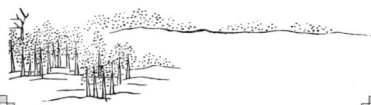

谢光来：
和记洋行最初在龙江桥头有一间门面，收买点鸡蛋

谢光来（生卒年不详），字涤云，安徽池州人。1917 年在南京和记洋行工作。抗战期间曾在池州师范高师部任教。

我们搭沪宁车或津浦车行抵下关浦口的时候，探首窗子外向西北一瞧，但瞧见庞然一大建筑物，层楼高耸，矗立云霄，约有好几里范围，据说是英国的工厂，实在奇怪得很！论到下关，虽然通商，并无租界，哪里能够允许外国人随便建筑工厂呢？也许是我们未曾研究过条约，未免有些少见多怪，这也不去说他。但这个洋行，房子既如此壮观，占地又如此广大，究竟做些什么买卖？是哪一年开办的？是不是于地方有益呢？所有职员工人约共若干人？该厂内面大概分做几部分？以上种种问题，记者既是身历其境，目睹其现状，即不得不破除客窗闲话的工夫，来为它表白一下子：

和记洋行在南京本不能成立，赖有江宁绅士邹会串——此人熟悉时务，胆大心雄，南京人皆呼为和记功臣、地方公敌——包办地皮，才得向宝塔桥江边觅得一大块空地，就在辛亥革命的第二

年，大兴土木起来，算到现在，也有十四岁了。当未买到地皮的时候，只在龙江桥头，租了一间小小的门面，收买点鸡蛋，谁亦不把它算一个铺子，随后总想在下关市面买地终未买成。幸而遇到了这位邹会串，舍身牢狱，不管是非，贡献出某善堂公产，才有了今日规模宏大的建筑的根基。

民国六年，我有北京之游，路过下关，顺便到该厂去看看戚友，不料碰到张大辫子闹什么复辟的把戏，北京不能去，恰好该厂缺乏办文牍的人，华经理咸润卿很有意思请我去帮忙，托我的亲戚来说了数次，当时我想既不能北上，与其逗留南京，反正是闲着，何妨到该厂去试一试，候时局平定，再入京也还不迟，主意既定，于是开始卖起我的笔墨生涯了。

洋行里事情，本非我志愿，一则学非所用，二则得不到什么经验，不过既勉强就了它的职，也只得每日到行，随班办事。我所办的，多关于各官厅各分庄公牍，并咸经理个人的文件。若谈到公牍和私函的内容，大概离不了鸡、鸭、蛋黄、蛋白、鲜好、臭坏、牛皮、鸭毛、黄牛、水牛，猪要肥嫩，猪油要洁白，以及各货的产数、行情、限价、多买、停办、快运，一大串叽哩咕噜的名词充作材料，实在枯燥无味得很，好像天天在那里替鸡鸭牛豕做评论。因为该行专做这个屠宰牲畜活口的买卖，所以我的地位，也无形中变了牛行肉店鸡鸭铺子里的掌柜了。

我办事既久，渐渐认识一位马克雪劳夫程寿滋。此人时来写字间与我谈话，才知道厂内各部有屠牛厂、宰猪厂、硝皮厂、鸭毛厂、

和记洋行　摄于 1920 年前

箱毛厂、猪鬃厂、听子厂、篓子厂、熬盐厂、熬油厂、腌肉厂、照蛋房、洗蛋厂、打蛋厂、炕蛋厂、包蛋厂、养鸡室、馁鸭厂、机器房、冷气房——俗称冰房、堆货室、发电所、写字间——即公事房、轮舶处、印捕房，其余的虽然不能尽记，大概主要部分，也就是这些了。不过以上各厂，关系和记内容，从前有好多学校及实业团体来函要求参观，多被迈力吉葛尔拒绝。这是英国人僻性，恐怕泄漏秘密，不能专利，其实各厂工作俱系华人，难道能够——封锁其口吗？

我在写字间，与各厂无接洽，按该行规则不得入厂，因为程君的职务，常要与各营厂接头，守门红头个个认识他，故他能介绍我到各厂一览。诸厂比较，以蛋厂规模为最大，冷气房、猪厂、牛厂次之。蛋厂高约十丈余，楼凡五级，全部以水泥和钢骨造成，每级可容工人三百余人，楼下为过磅收蛋处；至于照蛋、打蛋、洗包蛋、炕蛋，则分列四层。鸡蛋收进，先就照蛋房暗室设备电灯下照看，以验其好坏，上等的——又鲜又大——提到洗蛋厂洗净后，上油包封过国，售价极高；次等的由打蛋厂打开，分开黄白，送到炕蛋厂，用机器炕成粉末，交听子厂装好封口，外钉木皮，再转冷气房保存，候船放洋，经年不坏。如有搭壳、散黄、血丝，种种下色蛋，一概不包不炕，另售与市面摊户小馆。有时倾倒江边，夏日臭闻数里，人人唾骂，独警察若无其事，好像他们缺嗅觉一官，真令人不解。

冷气房于地面墙壁间，多安置盘旋铁管，由机器输入冷气，管头水汽结为冰雪，故亦称冰房，虽盛夏如隆冬，棉皮可着。除存蛋外，凡肉类鲜品在海轮未到以前，统统送到此房，免得变坏。若存的日子长久，往往坚硬如石，所以海轮上面亦多有这种设备，就不怕海运途中耽搁日子了。

（原载《池州旅京字会会刊》一九二五年第一期，

原题《南京和记洋八年之回顾》）

朱偰：
南京城内原有极完备之内河航运系统

朱偰（1907—1968），浙江海盐人。早年就读于北京大学经济系，后在柏林大学留学，归国后任中央大学经济系系主任。著有《建康兰陵六朝陵墓图考》《金陵古迹图考》等。

一

南京城内河道，久已失于修浚，以致风景名胜，半归湮没，而水上交通，亦渐归淘汰。掌市政当局者，一向只知建筑马路，为外国汽油增加销路，对于市民卫生，及水上交通之利用，向未注重。殊不知南京城内，原有极完备之内河航运系统，此种河道系统，建始于洪武年间，历久为南京交通中枢，直至前清末年，尚有人提议疏浚，加以注意。数年前有德国顾问某，建议当局，以为洪武当时之眼光，极为远大，其所筑之水道系统，殊堪称许，当加以疏浚，恢复内河交通，以运输货物，而改良卫生。后以美国方面顾问反对（汽油销场关系）而中止。余近考查南京古迹，至东西水关及运渎、铁窗棂一带，见当年规模，未尝不宏大，设计未尝不周密，徒以年久失修，河道淤塞，遂致名胜古迹，半为藏垢纳污之所，良可慨叹！近来市民对于疏浚秦淮，稍稍注意，而城外疏浚水道（如十里长河）亦时有所闻，独关系七十万人之卫生健康，及发展首都交通之内河航运，尚少人注意。故本篇特标而出之，以为市政当局之参考。

二

明代南京水上交通，东西以秦淮、青溪为纬，南北以杨吴城壕及进香河运渎为经，舳舻纵横，桥梁相望。故"秦淮画舫"，既艳称东南，而"青溪九曲""莲花五桥"，亦驰誉白下。兹分别述其风景名胜及交通意义。

（一）**秦淮** 秦淮有南北二源，南源出溧水东庐山北，北源出句容县西北华山，合于方山埭西，西北流过上方门，至通济门外，由东水关入城，逶迤作玉带形，由西水关出城，合外支城濠水，北流以入于江。秦淮之于南京，不特为灯火繁华之地，有如大运河之于威尼斯，其交通意义，管钥东西，东南至秣陵关，西北至长江，方圆百里以内，皆其水运系统所及。故昔日下关交通未发达以前，水西门外关头秦淮港，实为南京商港，其规模宏大，环港半里，皆用石砌，今日偶过其地，犹可想见当年盛时景况。以故水西门大街（即三山门大街）商业鼎盛。《桃花扇》书客蔡益所云："天下书籍之富，无过俺金陵；这金陵书铺之多，无过俺三山街；这三山街书客之大，无过俺蔡益所。"

何以三山门能为商业最盛之区？盖西水关锁钥南京航运，实为外省入京咽喉。当年由长江入京，皆上溯秦淮，至西水关入城，是由明人游记中可以知之。

于是"轻烟""澹粉""重译""来宾"，所谓"花月春风十四楼"者，遂半在江东门与水西门之间，与今日之荒凉落寞，适成对照。

故今日如疏浚秦淮，不但应注重修复名胜，更当注重其交通上之意义，如建通济闸以导水入城，开广东西水关以畅水流，复受长江朔望之潮以涨水面，则秦淮一带，不特清流涟漪，一改今日污秽狭隘之局面，而交通发达，舟楫络绎，秦淮灯火之盛，必将复见于今日，则秦淮之功用，当如塞纳河之于巴黎，施普雷河之于柏林，其发展自不可限量。故疏浚南京河道，必自秦淮始。

（二）青溪　青溪九曲，今仅存一曲，陈文述所谓"八流都塞尽，一曲见南朝"是也。《舆地志》："青溪发源钟山，入于淮，连绵十余里。"在六朝为要隘，系战守必争之地，自杨吴筑城壕，青溪始塞。宋开庆中，马光祖复浚之，建先贤祠及诸亭馆于溪上，有百花洲、放船亭、四望亭、天开图书诸胜，复筑飞桥以便往来，然溪流仅余一曲矣，明初填燕雀湖，其源亦断。今日所余者，仅内桥至淮清桥一段，系南唐宫濠借青溪水而成者。唯沿内桥而西，经鸽子桥、仓巷桥（即道济桥）、文津桥而至铁窗棂，可出城直达长江。铁窗棂下有涵洞，吐纳灵潮，即古栅塘故址，宋谓之栅寨门。城中水利，关系匪轻，宜塞宜通，迄无定论。宋隆兴二年，张孝祥知建康府事，奏青溪自天津桥（即内桥）出栅寨门，近地属有力者筑断，每雨水

262

暴过，则正河不能急泄水势，于是泛溢城内，居民被害。今欲复通栅寨门，使青溪径直入江，则城内永无水患。当局从之。反对者从风水立论，以为"青溪必与秦淮合襟，绕南出三山门水关，方环抱有情。故内桥以南，得环抱力，大中桥以东，得合襟力，乃富贵辐辏，而各衙门峙焉"（清江宁知府陈开虞论）。不知水道须流通方可利用，否则内桥以西，死水一湾，无论其湮没风景名胜，阻滞交通，其藏垢纳污，有害市民卫生亦匪浅鲜矣。

故青溪内桥之水，必须疏浚，铁窗棂之水道，必须贯通，如是由东而西，可由大中桥直达朝天宫一带，其便利交通，增进卫生，岂浅也哉！

（三）**杨吴城壕** 杨吴城壕借青溪故道之水，自北门桥东流，至莲花桥，汇进香河之水，又东流经浮桥北，珍珠河之水入焉。又东迤南经竹桥、复成桥，汇明御河之水，再经大中桥而入于淮。此水为南北交通要道，而大中桥尤为昔日东南诸郡之卫，旧志所谓"饮万马于秦淮，给诸屯之馈饷"，其要可知。今日河道仍宽，水木明瑟，风亭月榭，势极幽遐。只须疏浚北门桥以西，至干河沿，便可完成其运输系统矣。

（四）**运渎** 运渎吴赤乌中所凿，仲谋创业，营建石头，仓谷转输，由淮入渎，今日所余者，仅秦淮以北至大市桥西一段，夏涨冬涸，裁可通舟，然其沟通秦淮、青溪二流，功用至大。唯积久淤塞，秽恶所倾，日积日甚。明南京工部尚书丁宾、清嘉庆盐巡道方体、道光江宁府知府余霈元、咸丰总督陆建瀛、同治总督曾国藩、光绪江宁布政使桂嵩庆，屡浚治之。运渎凡有桥三：曰北斗、红土、草桥。丁宾《浚河疏》略云：自水西门觅渡桥起，入水关至北门桥止，是为正河；由斗门桥、红土桥、乾道桥（即草桥），又由淮青桥、四象桥、内桥、会同桥、笪桥。二水汇同，俱从小新桥（即鼎新桥）、仓巷桥、望仙桥、周家桥（即张公桥）、铁窗棂出城，是为大支河，包藏于正河之内。又有各支小河，环于大河之外，用以吐纳灵潮，疏流秽恶，通利舟楫，故居不病涉，小民生业有资。譬如人身，脏腑居内，有血脉营卫，以周流也。若使血脉一瘀，则元气积滞，而身必受其病。故河道之开塞，所系良非轻也。丁氏之论，今日犹可师法。按运渎通淮处，古谓之禅灵渚。梁都督王僧辩，讨候景之师所从入焉。想像当年，艨艟巨舰，衔尾而前，奔浪惊涛，渺弥浩瀚，以今相况，殊觉不侔，陵谷变迁，匪伊朝夕；而六朝水利之盛，于此可见一斑矣。

（五）**进香河**　明初开源自后湖，经北水关入城。自北而西，为浴沂桥，其北故为府学，今考试院也。又西为土桥，南流达进香河。折而南，曰西仓桥（今中央大学后门），曰大石桥，曰红板桥，曰严家桥，曰莲花桥，自西仓桥至此其数五，故又曰莲花第五桥矣。昔上元诸生周易居此，尝于桥畔夹种桃柳，春日花开，雕妍织秀，不减明圣湖，因自号"六桥种花翁"。进香河又东经浮桥，入于杨吴城壕。

南京昔日水利之盛，可由旧时笔记中知之。昔人自清凉山至鸡鸣寺进香，可通舟楫，盖当时干河沿未塞，自乌龙潭以北而东，沿

疏浚南京城内河道示意图

杨吴城壕至于莲花桥，再由进香河绕西仓桥而东北，达鸡鸣寺前。今则干河沿既塞，而北段又以修筑铁路，大半淤灭，然其河道旧迹，尚历历可考。此外珍珠河北起中大农场，南达珍珠桥入于杨吴城壕，亦一苇可航。今如疏浚秦淮、青溪以通东西，开通杨吴城壕、运渎及进香河以贯南北，则水道密布，四通八达，江潮倒灌，水流通畅，货物运输，皆可利用舟楫，不致少数通衢，车马络绎，载重货车，纵横于途，且疏水流以排秽恶，通舟楫以利交通，卫生运输，两受其便，且可修复古迹，繁荣市面，诚一举而数得者。南京自建都以来，一切事业，蒸蒸日上，独水利一端，从无人论及。故本文详陈利害，纵述古今，市政当局，其注意及之！附疏浚后之水图道系统一图，以为参考，并为殿焉。

（原载《半月评论》一九三五年第一卷第八期，

原题《疏浚南京城内河道议》）

霍焕明：
老虎桥监狱内有工厂、教育堂和忏悔堂

霍焕明（1917—?），广东番禺人。早年就读于南京汇文女中。1938年考入西南联大中文系。1943年进入成都金陵大学图书馆工作，同年与诗人孙望结婚。1945年在南京市立三中任教，后至江苏文联，任《江苏文艺》编辑。诗作散见于《诗星火》《诗帆》《中国诗艺》等杂志。

十一月二日，大清早就听见同学们嚷着："今天下午准于十二点半，在操场齐集——参观江宁模范监狱。"于是每上一堂课，都觉得时间特别拖长，尤其是脱不了孩子气的我，好容易才挨到十二点，吃了两口饭便跑到操场嚷着："要走了。"终于在一点多钟，像条长蛇似的我们，和几位先生，冒雨出发了。

我们走过一程马路，又穿过些小巷，不久便达到目的地。在荒凉老虎桥路旁，默默地耸立着一所罪人们的归宿——监狱。

房子的外面，是用红砖和黑砖间砌的，两扇残旧的大铁门紧紧地闭着。门的上面有三重扇形的短墙，"江苏省模范监狱"几个金色大字高突在第二重矮墙上。在雨天的黄昏，望着这高耸的建筑，似乎觉得它有着无限可怕的威严施与人们！

进门两旁种满了矮柏，柏的外面有应接室和工艺室。再进便分

男狱、女狱。我们先来说男狱吧。是许多相对并排高狭的小房，两排房的中间是一条长走廊。每一所小房，都有一扇黑色厚厚的铁门，门上除了两个饭碗那么大的小圆窗外，还插着这一房犯人的号码，从小窗望进去，可以很清楚地看见他们粗木钉成的床，紧紧地排列着，床上有些是铺着棉被，有些只是一层被单，有些竟是光着的一张床。靠门的那边墙头，还开着两个满了铁条的窗——那就是铁窗啊！

冰冷的水门汀地，渗白的高墙，虽是"风雨不动安堵如山"的一所大厦，并且光线还算过得去，然而那混浊的空气真够闷人，也许到底是犯人的气息吧！外面柏树的芬芳，是永远不会透过铁门和高墙满足犯人们的需要啊！

踏进了工厂，便看见尝着生活线外滋味的犯人了——他穿着灰色的斜领短褂，和一条灰色的长裤，更有一只黑色的布鞋和黑袜，光着头（没有一个留着长头发的），默默地在做工，据说是不许谈话的。他们的右臂上牢牢地钉着一个号码，当我把奇异的眼光细细地看他们时，才知道他们有老的，有中年的，有年轻的。当他们看见我们时，有惊奇的、惭愧的、哀怜的……种种不同的表情流露在他们青黄的脸上。我们因了人数太多、时间太少的关系，不能和他们作个别的谈话，真正遗憾。

每一工厂靠门口的一角，坐着看守他们的警察，虽是一声不作庄严地坐着，可是满脸的威严已笼罩着一房，老实说那冰冷的脸孔连我看了也觉着难受，而犯人们还要天天望着呢！不过抬起头来便会看见那安慰人们精神的——《忍耐歌》。工厂的光线和空气当然是坏极了，加以机器的嘈杂声，真是一个不能久留的地方。虽说这样，关在这里整天苦干的犯人，也许稍稍地度过几个美媚的春天了。我们参观的工厂有这么几个：

（一）铁工科与鞋工科。

（二）毛巾科与染织科。

（三）石印科与铸字科。

（四）藤工科与木字科。

（五）排字科与刻字科。

（六）铅印科与裱糊科。

据说是按着犯人罪的轻重，而特教给他某一种有等级的工技，在做工的时候不限定他们的饭量，但在不做工的时间内，每人只许吃一碗。

这里有佛教和基督教的传道者，犯人们痛苦的灵魂得着安慰了。忏悔堂很大，排列着许多长椅，有讲台和黑板，光线和空气都很好。

忏悔堂的对面便是教育室，座位的排列，和黑板讲台的安置，很像一教室。在工作的余暇，他们能受着高尚的教育，这真是可贵的事。可是关于他们上课的情形，我们却不能看见和详细地知道，又是一件遗憾的事！

女犯卧室和男犯一样，不过那黑色的铁门比较矮些。人数又比男犯少，没有穿制服，多是中年妇人。我们因了时间的关系，只参观了两个工厂：

（一）缝纫工科与织袜工科。

（二）洗濯工科与弹工科。

病监和卧室一样，关于医药的设备，我们没有时间细看！

这次参观的结果，虽是因了时间的关系不能留下一篇详细的笔记，但至少我是很满意得到些监狱的大概情形，使我能深一层地认识这渺大的社会的另一角。现在我谨把我的两点感想写在这里，算是这篇小小的东扯西扯的文章一个段落吧！

一、优点——在我理想中的监狱是绝对没有什么工厂、教育堂和忏悔堂的设备的。

工厂——能使犯人过着有规则的生活，使他不会在闲游的时间内做些罪恶的事来。

教育堂和忏悔堂——犯罪与教育、宗教我敢说是有着密切的关系。这些是多么好的设备啊！

二、劣点——工厂和卧室的空气应极力改良，但应改良的地方也许不止这点儿，但我看见的只是监狱的大概，所以也只得写了一片段罢了。

（原载《华风》一九三六年第一卷第十七期，原题《参观江宁模范监狱记》）

侯绍文：
静海寺大殿今为军政部陆军卫生材料库

　　侯绍文（1899—？），河北滦县人。早年就读于河北省立天津师范学校、北平华北文法学院。后历任教育部体育委员会秘书、扬子江水利委员会文书科长、中正大学讲师、私立华西工商专科学校教授、考试院考选委员会专门委员、铨叙部参事、立法院立法委员等职。著有《唐宋考试制度史》。

　　静海律寺原名静海寺，在南京城北兴中门外下关。《上元县志》载称："静海寺去仪凤门半里，在卢龙山（即狮子山）西，明永乐中命使海外，风波无惊，因建寺，洪熙中赐额静海。"按《明史·郑和传》："……永乐三年六月，命和及其侪王景弘等，通使西洋，将士卒二万七千八百余人……五年九月，和等还，诸国使者随和朝见，和献所俘旧港酋长……六年九月，再往……九年六月，献俘于朝，帝赦不诛……是时交趾已破灭，郡县其地，诸邦益震詟，来者日多。"在《成祖本纪》载："（永乐三年）夏六月己卯，中官郑和帅舟师使西洋诸国。"在永乐时奉使国外者，固不仅和一人，如西域则李达，迤北则海童，西番则侯显，唯使海外者，则唯郑和也，故俗传三保太监下西洋，为明初盛事。如是则该寺之建筑，似为纪念郑和之成功。又据该寺现刊之《敕建狮子山静海律寺同戒录》"述事"载称：

"寺倚狮岭，滨龙江，为金陵门户，形胜重地，前明永乐初年，越南平伏，告功特旨创建此刹。"按《明史·张辅列传》所说，永乐三年，安南黎季犛弑其主，自称太上皇，立子苍为帝，其故王之孙陈天平来奔，季犛佯请归，而伏兵杀之于路，兼杀送行之大理卿薛嵓，帝大怒，命朱能、张辅、沐晟等分道进讨。四年能卒于军，辅代领其众，五年击破季犛舟师于木丸江，又大破之于富良江。五月至奇罗海口，获季犛及其子苍，并伪太子诸王将相大臣等，槛送京师，安南平。以地图按之，安南东南两部虽滨海，若谓平伏安南，即谓静海，因建寺以作纪念，殊嫌命名之牵强。在《上元县志》载称"洪熙中赐额静海"（见上），而寺则实创建永乐朝（据该寺残碑及《同戒录》）。是此寺之初建本意，或为纪念平伏越南功，如唐征伐高丽因建法源寺故事，当时或无名，或另有他名，殊不可考。及永乐二十二年，郑和由海外归来，已大功告成，而成祖适晏驾，明年为洪熙元年，命和为南京守备，或改赐寺名静海，兼以纪念和功，亦有可能也。

寺创建于明初永乐时，二次重修时代不详，据《上元县志》载称："重修时，礼部侍郎杨濂有碑记。"按《明史》濂应作廉，与杨濂非一人，廉举成化进士，正德时累官至南京礼部侍郎，至嘉靖初迁尚书。以是推之，则此寺之重修，当在正德至嘉靖之间矣。至清乾隆时又重修，在《静海律寺同戒录》载称："乾隆年间，浩清海祖，特来中兴本寺。"今寺内斋房东墙壁上，尚嵌石牌一方，上刻船户姓名，并捐款数目，下有"乾隆四十四年"字样，盖即修寺时所立之捐款牌也。由浩清海祖传朗明悟祖及方海宽祖，大殿适遭回禄，赖祖（指方海）力修复，则其时定在嘉庆至咸丰初年。逮静安智祖主持寺政，适值"红羊"之变，全寺为毁，迄金陵克复，静安疾图重修，竭力先建前殿、山门等处，是时慈云初公随同静安，夙夜襄劳，陆续重建毗卢、观音、地藏诸殿，戒坛，钟板堂，客堂，大寮，以及僧房寮舍等处。（因慈云常训诲僧众曰：律门规范，精密深严等戒词，彼时正当重建寺宇，及修成，或即称"静海律寺"亦未可知。）唯大殿未及修复，至今尚留被毁遗痕。大殿前为天王殿，改供如来佛像，云为由大殿内移来者。今大殿院址，作为军政部陆军卫生材料库，大殿后围墙上，嵌明代残牌一方，或为创建寺时所刻，惜已非全璧矣。

三宿岩在寺外狮子山下（晋元帝时名卢龙山，元帝渡江，见山岭绵延，远接石头，以比北地卢龙，因名。明太祖尝伏兵大破陈友谅于此，以形似狻猊，改名狮子），离京沪车站不过数十武，作一大石状，高不过数丈，周围数十丈，作灰白色，盖为江水激荡冲刷或淹没，以致汕成岩洞，今江水已退，而危岩独出，望之洞穴斑痕，颇具钦奇之致。南面石壁上，刻存字迹，尚可辨识，为……南无无量寿佛……及菩萨等字。至宋人题名（为宋厉元范、赵伯林、张元瑞、宋可行、坚跃浚五人题名）刻石，则以洞为难民居住，不便寻求，而无所获。《上元县志》载称："……静海寺中有危石下空洞，相传虞允文三宿于此，宋人题字刻石尚存，盖是时犹临江浒云。"按《宋史·虞允文传》载称："允文曾大破金兵于采石，又严阵以待于京口。"

当时采石、镇江一带，皆成严重战区，且建康亦属重镇，虞公徇军，驻此三宵，亦属可能；惟当时维舟驻此岩下，则此岩定在江滨，今则距岸不仅半里矣。

（原载《中国新论》一九三七年第三卷第二期，

原题《南京下关静海律寺调查记》）

谭无逸：
四所村难民的日常生活

讲述人生平不详。

跳下公共汽车，从下关车站一个警士的口里，我知道了"失所村"这个包含着苦难和凄惨的地名。江风在呼啸，寒雨在凄泣，泥泞的路旁，是七拼八凑杂乱不堪的棚户，雨网中迷蒙的幕府山，回响着火车断续的惨叫，大地展开了时代苦难的画面，长空振荡着时代苦难的哀鸣。

走到了这个苦难和凄惨的地方，问到警察所，我才发觉"失所村"，给写成"四所村"了。负责户籍登记的警员告诉我，这个村子住了一万七千余人，并且领有身份证的已认为是不幸的寄籍市民，不在遣送苏皖各救济站之列。新来到的难胞，是皖北蒙城、五河、灵璧几县被旱魃赶出来的，和苏北宿迁等县被水灾驱逐出来的，出乎一般意料之外，似乎并不完全是刘伯承部队流窜的后果。

那位警员引我向一堆堆像垃圾、像古墓般的窝棚走去，到了一

275

个较大的窝棚门口停住了。他介绍这是山东滕县的一个难民代表姓靳的住宅和办公处，也只有他的这个窝棚，有几块并不方整的土砖墙，树枝撑起东一块西一截的芦席，露着一个模糊的屋脊轮廓，窝内勉强可以伸腰，在他们中间可算是顶体面的建筑了。靳先生穿的蓝布大褂，手拢在袖口里，起先他介绍自己在抗战前后如何由湘桂路转到桂柳，再流走到贵阳到重庆，胜利后被遣送到徐州，因为旅途上的濡滞，家乡早已烽火燎原，可望而不可即，只得把希望寄托给津浦铁路的南端。

他们在下关起初住在白马篷，后来因为那儿联勤总部要起房子，每人发了两万块钱的搬迁费才来到这儿——四所村。在白马篷大家还能在码头上卖卖苦力，后来遭到码头工会深深的嫉视，毕竟由嫉视更进一步给予严厉地打击，连卖力气的一线希望都没有了，请求政府的结果，这个问题由社会部推到社会局。由于国家不能给予他们应有的工作权利，靳代表埋怨着码头工会的嫉视，很沉痛地说："难民都不够做工的资格！"他们到现在发了财，都不是难民了！难民到底有没有做工的资格？！

屋角转出来一位皮肤黝黑、颧骨高耸的老人，枯柴般的手，抓着一根熏烧得焦黄的烟袋，露出一口不整齐的黄牙在叹气，声音是嘎嘶的，说话粗犷而坦率。靳代表介绍说："他也是我们的一个代表，姓周。"我也向他简单地说明来意，瞅准了他，我像要从他身上发掘一些宝贝似的提出了许多问题。

"国家弄得一团糟，你们有怎样想法？"

显然他们忙于生命的挣扎，对于乌烟瘴气的国事，无心追究，也没法了解，在他无告的眼色里由衷的语言中口吃地说出了："能够不打仗，快快地平息才好。"

　　"现在政府送你们回家，你们以为怎样？"

　　"我们都愿意还乡！"

　　"但是政府送回乡，不准再出来。"靳代表抢着说。

　　"咱们山东会馆没人出来，怎么行哩？"周代表掉过头向靳代表，像知道得更多一些似的解释着，吸了口烟，睁大眼睛，眸子里全泛着希望，接着说：

　　"我们希望还乡，在微山湖弄个鱼儿啦，也可以过活。"

　　"……乡下也要训练什么防护团，要饭要来的，还得每户出一千五百块钱，给受训的人吃喝。啊！这年头！这年头……"他不断地在摇着头，那焦黄的烟袋也随着在颤抖，终于很伤心地把身子歪过去。

　　一个女人很谨慎地端来了一饭碗开水，这热腾腾的一碗开水，代表着他们一片敬意。我喝着开水，继续攀谈。

　　"住在这村子的山东同胞有多少？"

　　"有三百四十户。"

　　"你们每天做些什么工作，怎样过活？"

　　"小孩么，抓点干草，捡捡死柴，卖点钱，或者留下来自己烧烧火。女人么，拉拉鞋底，是五千块钱，十二两半米一双。"

　　"是联勤总部第八兵站发给我们做的。"靳代表面带感激很高兴地补充说明。

一个十岁左右大头瘦肿脸的男孩穿着一件过于肥大的白花土布袄，胸襟上像涂了漆似的满是污垢，躲闪在靳代表的背后，用好奇而陌生的眼光偷看我，无疑地他穿的那件布袄，是一件成人的短衫，不知是从哪里施舍得来。我伸手招他，问他："冷不冷？"大家的视线集中了他，他很不自在地说了一声"不冷"，藏到阴暗潮湿的屋角去。

周代表用右手翻着他那黑棉衣下早已露出了衣角的灰棉衣，很感激地说："这个衣服还是山东会馆今年春天放的。"

"其他的难胞又怎样过活呢？"我想知道四所村难民日常生活的大体情形。

"女人们，也拉鞋底。男人们，进城去找个工做做，找不着只好空手回来。"

接着说："口儿多的人家，没办法那只有去要饭了。"

"抓了四天啦，也不敢去要饭了。"靳代表幽怨地从旁补上一句。

我听了这几句话，不由得使我深深想起史泽芬氏（James Stephens）的《门首之狼》（*The wolf at the door*）和安徒生（Hans Christian Andersen）童话里《卖火柴的女孩》（*The little match girl*），描绘了人间的苦难遭遇，和苦难者无告的悲哀。同样地，当从城里一无所获，张着做庄稼的臂膀，回到这被富人们遗弃的荒僻原野，徘徊趑趄在仅有的一个窝棚门口时，他们又是怎样的一种心理状态？！

抵制不住我的情感，半晌没得话说，窝屋内的死寂空气，终于助成我起身告辞。

走过无数的窝棚，窝棚里铺着草卷席头，全家仅有的一条破被，蜷伏着没精打采的人们，从棚顶望着无情的灰色的天空。他们没有话说，只有一双半含泪而被饥饿夺去了奕奕的目光，充满着哀怨和希冀似的注射着我。

窝棚的走廊，有铁锅埋在泥地里的灶孔，雨点打落在芦秆编织成的锅盖上，锅唇边露着半根枯菜叶。一个少妇蓝色的破布蒙着头，半跪在地上，点燃着那孩子们为了一根半截争得厮打啼哭捡来的干草，一缕一缕的浓烟，像告诉人们，他们辘辘的饥肠，又将受用一次人间最粗糙最淡泊的哺啜了。

我从泥泞的小径转回到大路，向左边一条小巷的尾巴望去，污水池里照映着同样的像原始时代一般简陋的窝棚。不曾满足的心情，驱使我走向那泥泞更深的荒僻路上，在污水池里倒烧着一个小火球，第一排的第二个窝棚里，正在烧饭。稀疏的草缝里看得很清楚，一个年青人，破布缠着多灰而留着长发的头，赤着一只冻得红肿的脚蹲在遮不住风雨的草棚下，把一根根枯草，很郑重地施舍给煮得毕剥的瓦罐怀里。

雨从北面飘来，我在另一个窝棚边停下了，一个上了年纪的老头，坐在被邻居羡煞的特种床铺——那用泥土垫起来的几块长短不齐的木板上，端着一碗蓝得发紫的汤，按在膝上的右手，却拿着筷子像很习惯地在等待菜肴。小孩子蓬着头紧蹲在棚门左边，将小扎

难民营的孤儿　摄于 1938 年

的茅草，用枯树枝般的小手送上火舌，我替他们担心，不由得说了：

"小心！别把棚烧着了！"

这时老头把低垂的头，抬向我来，睁大满织红丝的眼眶，很稳健地回答说："哼！湿的烧不着！"想不到这让风雨鞭打着的棚草，却成了他们原始式建筑的耐火墙。

江风一阵紧似一阵地呼啸，雨打得纸伞沙沙作响，在窝棚队伍的尽头，我找到了一条马路，路的转弯处送来几个人影，背着寒冷的包袱，挑着饥饿的箩筐，拖着从来不曾睡稳过的卷席，像一支颓丧的溃败的军队，在一个小学门口停住了。天真活泼的小学生，在走廊上、阶檐下、操场中，有的正撑开伞，有的共了伞搭着背走出来，有的放下书包和伞在卷裤管，有的在人丛中忙着寻找他们放学回家的伴侣，尖细而清脆的声音，织成一片嘈杂。那一支溃败的军队，在一无遮蔽的风雨之下，把包袱、箩筐、席卷都放在校门口，望着这一群小朋友发呆。我也停下了脚步，打量他们的行装，原来他们并不是从内战前线溃败下来的军队，而是战乱尾巴上与饥饿寒冷挣扎的可怜虫。

他们之中一个青年汉子，一副充分显出庄稼汉本色的和善面孔，充溢着忍苦耐劳的倔强性格，褪成鱼白的蓝布袄，雨点给加深了颜色。当其余的伙伴们，像迷途的羔羊在校门口张望，他用狩猎的眼光向四下里寻觅什么似的。我走近他的身边，看到校门左边墙角上贴的一张启事："非本校员生禁止入内，来宾参观须经门房通报，大便请走公共厕所。"显然这一张纸上的黑字，并不为他和他的伙伴们所了解，他的伙伴们却仍然载着可怜的幸福狂想，盯住那没有风雨的走廊。

终于我们的视线交换了，我问他什么地方人，"泗州人！"简单而干脆地回答我。

另一个人驼着背，背负着手的老头，很敏感地回过头来，泪水充满了眼眶，他抢着介绍给我："泗州也是挺生产的地方哩！高粱、麦子、山芋、麻油都有，可是上半年遭了水，下半年天又干了。"

"我们那儿没有塘圳，完全靠天。"他又答复了我对水利方面的询问。

"全家逃出来，明年春耕又怎么办呢？"

"家里有人，每家总留个把看门户种庄稼。"

"政府遣送你们到芜湖去，你们怎么样打算？"

"来了五天了，才登上记，登记五天了，干粮也吃光了，没有法儿走。"

说到这里，老头儿枯黄的脸上，加深了忧戚的皱纹，睫毛和泪眶在微微颤动。那汉子却向我装出苦笑，这副笑容，使我顿时感到从来不曾有过的惶惑和悚惭，不知道他轻蔑我无助的陌生访问，还是纯然强抑他不求人怜的内心痛苦？我很快把眼睛躲过去，却看见马路对面靠着朱红色装有玻璃的栏槛，瑟缩地站着一个女人，一束包不住破被的席卷，躺在她的右边，在衣襟下露出两排冻得发红的手指，呆望着无情的雨丝，和在她对面雨网里载着可怜幸福狂想的一群伙伴。

我带着沉重的心，与心同样沉重的步子，走向下关车站，街上的灯火通明，收音机传出来"……风雨谁相护，冻饥谁相顾……"，"……富人们的奢侈，穷人们的彷徨……"

（原载《主流》一九四八年第十三期，原题《南京下关难民专访记》）

区劲锋：
开经济旅馆的老板以湖南人居多

讲述人生平不详。

如果你要到南京去，而你的手头又不很充裕的话，那么，你非认识认识南京的珍珠桥（现在改名珠江路了）不可！因为在那儿有很便宜的经济旅馆，给你解决人生四大需要的两大需要 —— 食与住。

这种便宜的旅馆，如今也和其他的事物一般，套上了时髦的名词 —— 经济旅馆，它和北平的公寓差不多，里面住有大中学生，住有军人，住有低级的公务人员，住有军政署的候差者……

南京的经济旅馆，并不完全在珍珠桥，但以珍珠桥一带为最多，如中和、庆华、聚东、湘源、惠宾（×）都在那儿。此外太平桥有正大、正和（系中和的支店）、三元等三家，一枝园有湘南、乾元、福成、天奥（×）等四家。太平桥和珍珠桥本是互相衔接的，一枝园与珍珠桥也只一条马路（成贤路）之隔。所以大家一说起经济旅馆，就都联想到珍珠桥。

开设经济旅馆的老板，以湖南人居多。上述的十余家之中，除了下面有 × 记号的而外，其余都是湖南人开的。

湖南为什么会有这么多人跑到南京开旅馆呢？这话说来很长。原来这些湖南老板或者老板的父亲，都是在前清同光之间，先后随着曾国藩、曾国荃兄弟和刘坤一他们那一班大人物从故乡跑出来的。他们跑出来的动机，无非是看见当时的湘军将领，飞黄腾达得很快，不觉有点眼红。他们初到南京来的时候，有的固然得着了优缺，有的也不免干着像如今的司书录事一般的工作，有的还是吃粮（当兵）的咧！

自然，在他们当时的志愿，说不定个个都想做曾国藩第二，刘坤一第二。后来因为时过境迁，一则"天下太平"了，用不着他们；二则湘军领袖，逐渐凋零，他们的冰山已倒，昔日的壮志，看看是不中用了！回老家去，又觉得没有"衣锦"，煞难为情。于是只好把历年积蓄下来的几个血汗钱，贩些零星什货，摆个把摊子，逐些什一之利，借以糊口。又后来，真是天无绝人之路，又加湖南人是以刻苦耐劳闻名全国的，他们的摊子，由于他们苦心经营、节衣缩食，居然除了糊口之外，还逐年有很多的赢余，资本渐渐增大，于是他们便由摊子生意而改营旅馆生意了。一当旅馆老板，比起摆摊子，可就阔得多了。有了比较高大的瓦房，不致像从前那样依人门户，日受风吹雨淋，而旅馆的利息，也比摆摊子要大若干倍。

旅馆的房子，多数是平房，里面的布置，也是简陋到不能再简陋了的。房间有三人共住的，有两人共住的，也有四五人共住的，也有一个人单住的。除了单房（即一个人单住的），每天每人需膳宿费六角五至八角五不等而外，其余普通房间，一律每天每人五角六。

近来他们因为赚了不少的钱，对于里面的布置，也很讲究起来。如中和的单房，新置有铜床、衣架、衣橱、穿衣镜，就是那些专卖房间的中等旅馆（房金一元左右，饭食在外）的陈设，也赶不上它了。

饭是每天分两餐：早餐——也等于中餐——上午十时开，晚餐下晚五时开。每餐八人一席，每席的菜，三荤两素，也有两荤三素的，这要看老板的"慷慨"与否为转移。菜，一般的都是湖南口味，假若你欢喜辣椒，那就最好没有。不过近来，老板为迎合一般顾客的胃口起见，五个菜之中，有两个或三个不加辣椒的。

此等旅馆，大的可容八九十人，如中和、聚东，小的亦能住下三四十人。我曾替他们计算了一下：每客每天收膳宿费五角六分，实则每客每天的伙食，只两角就够了，茶水、电灯、房捐、旅馆捐、账房茶房的薪水，每客每天摊派一角也够了。所以客人住一天，老板就有两角六分的赢余。若每天住四十人，则老板就可赚：十元四角。若每天住八十人，则可赚：二十元八角，每月总计就有七八百元之多。比当个把简任官还要阔——假设简任官不括地皮的话。然而，话又得说回来，什么事也不能这样一概而谈，他们也有旺月（即生意兴隆之月）、亏月（即生意清淡之月）之分，并不是一年到头，每月都能"高朋满座"的。不过，平均起来，大一点的旅馆，每月四五百元，小一点的旅馆，每月两三百元，是靠得住的。这就比当个把将官还来得强呀！无怪乎我有一位曾经做过团长的朋友对我说："我也打算开一个经济旅馆。"

最使那些湖南老板所憧憬不忘的黄金时代，是民国十六年至民国二十年之际。这时期，革命军初到南京，南京变为新兴的"首都"了。一切事业，都像发酵似的膨胀了起来，旅馆事业自然也突飞猛进。——君不见，中央饭馆、安乐酒店，都是那时候建筑起来的吗？！更加当时的革命军，湖南人又占多数，于是这班湖南军人，以及从湖南本地跑出来找老乡谋差事的湖南人，都不约而同的光顾到这些旅馆里去。其实不单是湖南人，凡是当时到南京找差事的人，为的要"长期抵抗"，除了他的家里是十分富有的，没有不光顾到这种旅馆里去的。光顾的人既多，收入的比例，当时随之增大。于是每一个湖南老板，都笑逐颜开了。

以我所知道的而说，如今的中和旅馆（老板姓刘，湘乡人，是跟刘坤一来的），在民国十六年以前，还是在成贤街东边一座矮小的平房里——并且是租来的。房间不满二十个，每一个房间住了一个客，就算了不得。一到了民国十六年，房间天天客满，便另在太平桥设了一个支店——正和旅馆。支店里也一样时有人满之"患"。因此，刘老板便赚了不少的"孔方兄"。到了民国二十二年，自己在珍珠桥购了地皮，建筑起二层洋楼的新旅馆来了（这新旅馆，如逢旺月，可以住到九十多个客）。听说那地皮就值一万多元，那新建的洋房连家具等件，一共要值三万多元。另外在银行里还存了一万多元。老板的几位少爷小姐，有的受了高等教育，有的正在受着良好的中等教育。

又听说庆华旅馆在民国十六年资本尚不满两百元，如今也增大至一万多元了。

诸如此类的"暴发"，写不胜写。老板们之得有今日，也许是他们当初所梦想不到的吧！

经济旅馆之所以有这样的发展，除了上述的随着新兴都市的膨胀而发展外，最重要的原因，就是因为他们都是采取薄利主义。每天吃饭连住宿，一共不过五六角（单房除外）。这在米珠薪桂的南京，不能不说是难能可贵的。所以民国二十年以后，那些专卖房间的旅馆，差不多都逐渐衰替下去，唯有经济旅馆，却还能在这——说句时髦话，世界经济不景气之中，安然地度过去。

但是，有几家非湖南人开的经济旅馆，现状可坏得很！他们虽然也在那个大时代中，趁着热闹，赚了几个。如今却江河日下，奄奄待毙，这又是什么缘故呢？就我的经验来说，第一是由于他们的饭菜太坏。尤其讨厌的是，他们那里的茶房会向住客强要小账，稍不如愿，则恶声出。至于湖南经济旅馆，用的都是湖南茶房，湖南茶房有许多特点，他们招待殷勤，做事忠实（如叫他们去买零星物件，他们不大揩油；托他们照看行李，他们也会像照看自己的东西一般谨慎），所以旅客们都乐于光顾。

并且，在湖南人开的经济旅馆里，假使你和老板相熟，就是欠下一两个月的膳食费，也不大要紧；即令你和老板不相熟，欠下一些膳食费，只要你留下一两件行李做抵押品，说明什么时候如数付还，他们也不会怎样留难你的。有些旅客，因为留下的抵押品的估价比欠账要低，便让抵扣品老放在旅馆里不去取赎。所以年代老一点的旅馆，他们的阁楼上，总有大堆的藤箱、网篮、被卷陈列着。这些东西，变卖出来，又不值什么，而且一变卖了，怕原主又回来取赎（像其他旅馆中，什么抵押品六个月不来取赎，便变卖抵账的例，这儿是没有的），便只得任凭它们在那楼上尘封蛛网了。

关于他们放账的话，曾经有一位老板对我说："唉，我们放出一万多元了！"这话虽不完全实在，但也有二分之一的实在性。譬如一年平均算是有三百元的账吧，那么，开上十年二十年，不就六七千了吗?！可是，你尽管放心，他们是不会因此而亏本的，因为这不过是占每年营业总数的一极小部分而已。

倘若你住的是非湖南人所开的经济旅馆，那你就两三天的账也莫想欠。他们在冷天可以因为你欠了一两天的账，把你值十多元的棉被拉去，使你晚上受冻。这在他们是毫不在乎的！

末了，应该补充的是：住经济旅馆虽然是很经济，但是稍不留意，却有大大的不经济。这是说，当你住在一个普通房间里的时候，账房先生会不拘什么时日送一个和你前世也不相识的人来和你同住。因为你住的是普通房间，你没有一人独占的权利。在这样的场合，你便得小心你自己的衣物与金钱！有一次，我在××旅馆住着一个普通房间。忽然在某一个晚上，账房先生带进一个穿长衫的客人来。年纪约摸有三十左右，随身携带一只藤篮，一个木箱，当夜彼此无话地睡了。到翌日早餐时，我出去吃早餐，这个新来的客人，却没有去，等我吃完了早餐，那人就不见了。我登时觉得事情有点蹊跷，同时也回忆到昨晚放在枕头下的十多元钞票，忙翻开枕头一看，钞票已不翼而飞了。我怀疑到那人，可是他没有回来，我便会同账房把他的箱篮打开，原来里面只是几件破旧衣衫，连箱带篮，也值不得两三元。于是大家才断定他之来宿一夜，目的就是来扒东西的。携带箱篮，不过是借以掩饰他人的耳目，免被注意。可笑的是，我在外面奔走了十多年，还不免上他一回当！但是有什么办法呢？！人已不知走到什么地方去了，还不是只得自认晦气罢了！

像这样的事情，是常常发生的。得留神！

（原载《论语》一九三六年第八十九期，原题《略谈南京的经济旅馆》）

290

第七编

沦陷生活

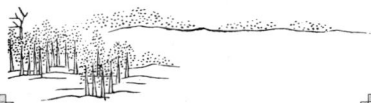

杨　权：
南京沦陷后我在难民区住了九十四天

杨权（生卒年不详），江苏无锡人，南京沦陷前在高等法院任职。具体事迹不详。

　　余自二十六年十二月十二日夜十时半在南京从高等法院入难民区，至本年（二十七年）三月十七日晨六时化装出水西门，得渡江西行，脱离虎口，在沦亡区生活者九十四日。此九十四日中，己身之所经过及耳闻目睹之事，极人世之残酷与丑恶。敌人所施于吾同胞者，虽如《黑奴吁天录》之善于刻画，亦难描写其万一。又往昔闻诸故老所述捻匪惨无人道之事，以较敌人今日之兽行，亦不及其十一，使捻匪犹有存者，见敌人今日之所为，以残酷为游戏，其烧杀淫掳之别出心裁，亦当自叹弗如也。每见一出乎人情以外之事，往往以两指助张其目，或以指甲自掐其指，以测眼前所遭究竟是真是梦。又往往发生"日本人是否还是人类"之疑问，又疑此世是否尚是人世。在难民区怀此疑问及此幻想者，亦不特余一人，每当夜深人静私相诉语之时，又往往疑为与梦中人共语。直至三月十七日上午既得渡过西江口，返顾充满惨毒愁苦之南京城依然踞峙江南，又顾己身确然尚在，方如噩梦初醒，此九十四日中之所遭遇，的的是真，非假非梦也。嗣后沿已破坏之公路徒步西行，抵舒城后，始有车船代步，而后抵安庆，而九江，而汉口，而重庆，骨肉复得重逢，长官同僚复得相见，咸能慰藉有加，尔时心绪，则不知是喜是悲是愤是怨，忆杜诗"妻孥怪我在，惊定还拭泪"及"生还今日事，间道暂时人"等句，诚不啻为我此行写照也。余未死之身，犹及加入全民抗战之大团结，从事抗战工作，犹及见举国一心歼此丑虏还我河山之盛事，则以往之所遭不足悲更不足怨愤，余之能脱险归来，纯乎一可喜之事也。而陡忆尚陷在京之袍泽与民众，犹在敌人铁蹄之下过非人生活，又不禁潜然泪下矣。

余于十二月十二日夜逃入难民区时，将所有未及埋葬之公私文件悉付一炬，不留片纸只字。到难民区以后，亦无纸笔作日记，此篇之叙述，皆出自到渝以后之回忆，故某事不能确记为某日发生者，只能以"一月中旬之某一日"等字样记载。若为行文便利记，原可易编年体为传记体，仿绎《左传》为《左事纬》之法，析九十四日中之遭遇见闻为若干事类，如军警抗战牺牲情形，敌军入城情形，敌人焚烧情形、残杀情形、奸淫情形、掳掠情形，伪组织之成立及其设施，沦陷后之工商业，难民生活，沦陷后之社会一般状况等，归纳为数篇叙述之。但为引读者眼光能令同入沦陷后之南京城计，则宜如放映电影然，一幕一幕顺序演出，观者方能亲切体会。至其中包含若干事类，可任读者自行分析归纳，故余仍用编年体叙述。

为令读者能完全了解难民之心理，及尚有多数公务员至今不能自拔来归之理由，并能寻绎在陷落时及陷落后种种惨剧之因果起见，则作者角色，亦应自行表明，而南京陷落以前作者逃出以后之情事，亦应补叙于前后，以完足本篇之神理。兹分为"南京陷落以前""难民区九十四日记""逃出以后"三节述之。

……

不知什么时候，大约四五点钟的时光吧，炮声停止了。奇怪得很，说停便全面停止了。但还有断续的步枪声，三五声或接连数十声。晓得全线的战事大体上是解决了，我们是把南京放弃了，但还有少数弟兄在那里作壮烈的牺牲。我在昨天一整天和这一夜，心绪如麻，脑筋混乱得很；在炮声停止以后，听着这断续的步枪声，脑筋清醒了，心中起无限的悲愤。同时对于放那些继续步枪声的弟兄们，生起无限的景仰，使我内心自然严肃起来。我晓得他们是要死的；他们的死，比我以后陆续听到的消息某人死了某人死了的死，有价值得多。他们是否没有接到退却命令？他们是否奉到掩护退却的命令？我不知道。他们终是要和阵地共存亡，他们要抵抗，他们是索还了代价而死的。虽然并没有因为他们的牺牲而能保住了南京城，然而他们确是在南京城流最后一滴血的。炮声停止了，而北面的机关枪声却仍响着，直响了一夜，唉！

窗玻璃发亮了，什么声音也没有，静得很，其实这时候各城门口墙上都在做"狭巷短兵相接处，杀人如草不闻声"的勾当。下关也大有事在，我却不晓得罢了！我和徐民新两个人坐起来，低声谈话，后来晓得同房间的人都没有睡着，便放心谈起来，我们商讨以后的日子怎么过。出城的念头是不用打算了，在这难民区里头，要是不死的话，衣食住三个问题，还得要有一个办法。食的问题，等住的问题解决了再解决。住的问题，暂时也不能解决。衣的问题，仅凭各人带出来的一个包裹，在这冬天是不够用的，打算回到最高法院再去取些。我先上阳台看了一看，中山北路静荡荡的不见一人，附近也没有什么消息。最高法院的大门关着，警察厅的大救护车、几辆卡车、一辆小汽车还停在门内，门岗是没有人了。再看看最高法院的院子内和楼上，也都静悄悄的。晓得过去没有什么危险，便决意过去。我和徐民新、王企梅三人又爬过篱笆再到最高法院。我的东西在办公室，他们两人的东西在寄宿舍，便各自分头去取。我到了办公室一看，地板上摊着好几床铺盖，却没有人，不知昨晚是什么人在这里住的。我的铺盖散了，找着了一条毛丝纶的棉被，其余褥子、毯子、枕头、绳子都不见了。知道这工作应赶快做完，不便久留，便随便取了一条不知何人的薄褥子，找一根绳和棉被一同捆成一卷，携了出门，顺手将门带上。可笑得很，在这时候还要把门带上，我对于这间办公厅不知要给哪一个人关防。事情却没有白做，因为翻身带门得当儿，一眼瞥见了 M 科员桌上还有一件未办完的文稿和一件卷宗，又因而想起昨天交给殷彝的文件，便把铺盖放下，重新进去把自己办公桌再检查一过，又发现了抽屉内牙刷牙膏等物，拿出来，放在桌上。又走到管卷室，把昨天装好的洋铁箱打开，把文卷取了出来，再回到自己的办公室。打算了一下，取一个字纸篓倒空了，把几件文卷塞在里头，取一盒火柴放在衣袋里，又取了一个面盆把全套盥漱用品装进去。左掖挟了铺盖，左手提了字纸篓，右手托了面盆，下楼去，经过门边时，忽又瞥见了衣架上我的武装带。那武装带，是紫褐色的，用上好的纹皮做的，我平素很喜欢它，我恋恋地看了它一眼，这回却因为两只手都没有空，并没有带上门。下了楼，见徐民新和王企梅都空着手向我这边走来。我把东西放在地下等他们。原来他们的铺盖寻遍了宿舍没有找到。我道办公厅里铺盖很多，你们随便去取了两条吧。说完，他们上楼去，我提了字纸篓到焚化炉边去，把篓一倾，划支火柴点着了，返身又去取了铺盖托了面盆，到篱笆根下等他们。他们也来了。他们很有见识，我看见散在办公厅地板上的被褥多得很，有大红花缎面子的，有彩色绉纱面子的，他们都不取，只每人取了一条破旧的布被褥。他们又取了一具挂钟和两张行军床，这两样东西，也很有用的。我们重又跳过篱笆，回到华安新村四号，把挂钟交给T太太挂起来公用，把行军床也交给T太太，把各人自己的铺盖打好，塞在方桌子底下。T太太已给我们烧好了洗脸水，并吩咐她的女儿巧英供待我们早餐，她自己提了一只篮上街去买菜。约半小时光景，T太太回来了，给我们不少消息；她劝我们不要出门，她说她是个女人不要紧，我们要什么东西，可以请她出去办。原来敌兵已进城了。昨夜夜半的时候，国际委员会收容了不少的军警进来，约有两三千人。是在汉口路口、云南路口等处缴了械收进来的。在晨光熹微的时候，敌人有少数步兵进了水西门和汉西门，防守两门的保安队警察，有三五个得着命逃入难民区，多数都在城门和城门附近战死了。敌兵沿莫愁路、汉中路一直冲到新街口，汉中路有几个老百姓见了敌兵，向难民区里逃，敌兵跟着追入难民区，在难民区里杀了三十几个人，都是老百姓，于是街上行人纷纷逃进房屋把门关起来，敌兵也没有久留，仍退了出去。我们得到这个消息，不敢出门，只好在屋里待着。

待在屋里无事可做，便和同在的人互通姓名，T太太的丈夫T先生是一个二十几岁瘦瘦的人，相貌很秀气，不像一个警士，颇有读书人的气息，他的祖父是前清的秀才。他们有两个女儿，一个十三四岁，名巧英，一个七八岁，名巧贞。巧英是过继的，本姓林，巧英的亲姐姐是徐民新的太太，所以徐民新夫妻都叫T太太作干妈。和其余的人也都通了姓名。我又将这四号房屋的内容和出路都看了一看。这房屋是一幢四开间二层楼房，大门在中间，向南开，进门便是楼梯，上了楼，左右两扇门，我们住的是西边两间，开进西边的门是一统间，向南开六扇窗，靠北墙又开一门，出去是一条横的小小的过道，后面并排着有三小间，靠东一间厨房，中间一间浴室，靠西一间下房。正对着浴室一扇门，开进去便是我现在住的一间，原来是一统间被剖作两间的。那剖开的另一间朝南也开六扇窗，朝西开四扇窗。那厨房和浴室的中间又有一条竖的过道，走出去便是上阳台的楼梯。从楼梯下到平地，有一小小夹道。楼梯下空缺处便做了大灶。那夹道一面是五号的墙，墙边堆了一排芦柴；一面是本号楼下房间的沿窗；一面是篱笆，篱笆那边便是最高法院。顺着夹道可以转到本院的前门。这所房子分做上下左右四个小部分，款式

日军突入城南，南京沦陷　摄于 1937 年 12 月 13 日

都是一样的。西边楼下住着军乐队，楼上住队士的家属。东边楼上楼下住了三四家难民，每一角落都搭着铺，到夜间，过道里，地板上，也都要摊铺。我又走出大门去看看这华安新村和外面的交通路线，这华安新村共有五个门牌，里门向南，正对着大方巷，但新村的围墙和大方巷中间还隔着一片菜园地，而从里门到大方巷，还要经过三丈多长，一面靠着一家人的东墙，一面靠着菜园地的一小段石子路。有好多人在里门外筑两道复墙。两边从本新村围墙外一家人家的东墙根筑起，延到本新村的东墙，靠东开一扇小门。东边从本新村的东围墙伸出二三尺又折向西四五尺，把小门遮住。从大方巷望过来，一色的青砖，只看作是一堵墙，不疑心里头会有门。这样的隐身法，可以苟安一时，也是好的。

T太太告诉我东南方天空有个气球，我便上晒台去看。果然有一个气球，大约在紫金山麓放上去的，从上午十点钟起至十点半光景，悬有半个钟头之久，方才收下。我估计城内立刻要混乱了。十一点钟光景，听见中山北路上一群马蹄声，我又上晒台，隐在一件晒晾的衣服后面观看，见一群敌骑，约有七八十人马，已冲过最高法院的门口，向北而去，不久又冲回来，仍循着中山北路向南而去。相隔不到半点钟，又一队坦克车，约三四十辆，也循着中山北路由南冲来。巧英来叫我吃饭，我便不再看下去，下了晒台。

T太太给我们三人另外开了一桌饭，有豆酱、咸菜，还有一碗咸鱼。T太太向我们道歉，说极客气的客人，怎可以这样供待，无奈她今天上街，什么也买不到，连青菜担都见不到，没有法子，请我们不要见怪。我正在估量着南京的战事算是完全结束了，没有退进难民区的军警，一定被敌人残杀尽了。T太太的话，我也听见一句两句，也应酬她一句两句，但大体是让徐民新在应对她。正在吃饭的当儿，那坦克车的声音又开向南去。后来晓得那坦克车和骑兵队是攻破了中华门进来的，只沿着中华路过内桥沿中正南、新街口、中山路、中山北路直到挹江门，沿马路搜索了一遍，仍循原路退出中华门，并没有遇到战斗。后来步兵进了城，才大肆屠杀。我们驻守小营的保安警察一中队，也是被敌人的步兵围歼了的；他们没有白死，因为是用步枪和刺刀格斗的，曾索还了相当的代价。

饭后，有一个队士拿了一张十行纸，第一行已写好了调查项目，请我们三个人填户口。我吃了一惊。十一日那天，调给国际委员会编在警卫处的L户籍员到厅，以奉王济的命令，来向我要查报户口用的各式表片。我当时呆了一呆，带他到一间密室，问他王副处长要这东西何用。他道大约照例地调查户口罢了。我平时的观察，L户籍员这个人很不错，很有血性，国家观念很浓。但我当时猜不透王济和他的心理到底怎样。我重又问他："你看难民区的户口，要不要精密调查一下呢？"他道："倘使我们果然把南京放弃的话，户口还是糊里糊涂一些好。最低限度，也可等敌人要强迫清查户口的时候，再给他查。"我道："对了。王副处长要这东西，到底怎么一回事，你知道么？"他道："未必会有什么作用，大约只当作寻常的事务办吧！"我道："你可以试探他一下，你回去只说厅里头空，白表片都被杨科长烧了，他还打算把编存的户口卡都烧掉呢！看他怎样。

他如出于误会，以为事还应照平时办，并无其他用意，你便可将你的意见向他进言。你如认为不便进言，那么，他将来叫你调查的时候，在男丁的年龄和职业两项，你自己斟酌。"L户籍员含泪对我道："科长，我本是要随军退却的，只累于这份家眷，只好听编在警卫处。但我随时可以死，我不会做汉奸的，您将来终会知道。"我当时慰勉了他几句。现在这个队士要来请我填户口，正不知是何作用，我把调查表接过来一看，有八九个项目，有年龄，有职业，有和户主之关系。我问他这表是哪里叫查填的？他道是警卫处叫查填的。又一个队士过来告诉我道："我们队长已和警卫处接洽好，警卫处也已和国际委员会接洽好，把我们收编做警卫处的音乐队。现在要造名册送给国际委员会。同时本队部同人的家眷和所有同住的人都要查填户口送给警卫处。这是没有什么关系的。"我听了稍微放心一点，又看见那个队士左臂上已缠有一个臂章，写着"南京难民区国际委员会警卫处音乐队"字样，盖有国际委员会的图记。我想他们队上这样办是好的，比较地有一点掩护，但我们三个人并非队上的人，和户主——队长——又没有什么关系，什么理由而同居呢？倘使被敌人查出来，反为不美。我和徐民新同T先生夫妻商量了一回，决定认作和T太太有亲戚关系而同居在一起。徐民新本来和T太太是亲戚，我也认作是T太太的亲戚。王企梅算是我们两人带来的，籍贯一项，因为T太太娘家是南京人，徐民新也作南京籍，我仍填无锡，王企梅仍填安徽。职业一项，因为徐民新有个老兄徐民声是兴华水火保险公司南京的经纪人，那公司恰好有一个账房也姓杨，这两人早已离开南京了，有些公司证件托放在徐民新处，我们两人正好便冒充了他们两人的职业，王企梅填作公司的茶房。年龄一项，我和徐民新两人没有关系，只把王企梅多填了几岁。把队长请了来说好了，队士便这样查报去。这种不伦不类的户口，教我看到这张调查表，一定要判到特种户口的一类去，叫当地警察和特务人员密查。这倒是我国还没有办理人民身份登记证的好处了，要不然，只要把各人的身份登记证调来一看，哪一个项目都冒充不来。

下午没有事，我常到晒台去看看，附近也看不出什么来，只时不时听到几声或几十声的步枪声。这几天来，步枪声本不大会觉察到的，现在没有了炮声，午上又静了半天，所以这步枪声入耳分外分明，东南西北四面都有，这都是我们在城里的残余部队在那里成仁的报告。他们不跟着大队出城，也不缴械入难民区，愿意分头巷战，这所谓"所欲有甚于生者"，可敬！大约在下午三四点钟时候，敌兵把难民区封锁了，在难民区四周和中山路、中山北路、山西路、西康路、汉中路各路接界的地方，每一街口设两个岗，把步枪挟在腰里，横着，随着他们的身子打转，枪口向四面乱指，禁止行人出入。难民区以外，当然有另外的部队在担任屠杀。

吃罢晚餐，我又上晒台去看，见北面隔江有两簇大火，大约是浦口浦镇两处，这一定是我军放的火，大约我们江北岸也不便守，是沿津浦路北退了。到该睡的时候了，仍旧睡在方桌子底下。因为昨天一天很忙乱，又通夜没有入睡，今天也受了不少刺激，很有点疲倦。正在蒙眬入睡的当儿，一阵枪炮声又把我惊醒了。在西北方面，有步枪声，有机关枪声，有小钢炮声。我记挂着我们在上新河的部队不知已得渡江没有，这声音当然是在作战，但响了半个钟头光景便停止了，恐怕我军失利的成分多。

……

十五日，早晨，T太太上街回来，居然买到一些青菜，据她说：外边的摊贩摆得很多，湖南路和宁海路交叉处的广场，已成了一个闹市，油、盐、酱、醋、酒、米、咸菜、木柴等东西，已都有得卖。厨房里需要的各种材料，市面上又已流通，这当然是她管伙食人最关心的事。其余肥皂、洋烛、火柴、草纸、毛巾、牙刷等物，也有许多地摊摆着卖。街上已有了买卖，当然是好一点的景象，但做卖和做买的人，仍多怀着惴恐，因为惨案也时常在这闹群中产生。搜腰搜去一点钱，或抢去几条毛巾一块肥皂，这是预算的损失，倒也无所谓，便是自己的生命，个人都知道毫无保障，会毫无理由地被几只野兽弄死了，这哪能不怀着恐惧呢！她上街一会儿的工夫，便亲眼看见一件残杀案，一个敌兵追着一个十六七岁的青年，一刺刀从背后戮进去直透过肚皮，那青年惨号了一声躺下了。路上走的人和摆着地摊的人见了这事，立刻向四边逃，那敌兵也向和他最近而在逃着的人追，把逃得最慢的捉住两个。那被捉住的两个，当然已吓得魂不附体，那在逃着而又回头望的人也替他们担一把心，以为是没命了。然而敌兵并没有杀他们，只把手向那被杀的青年的一只脚指着，叫他们看，一面把刺刀插入鞘内去。那青年大约是一个中学生，上身已换穿了青布长衫，下身也已换了便裤，不过脚上还穿着一只球鞋，那敌兵不会讲中国话，只会做手势，他是在向众人给他自己辩护，表明他并不是滥杀，他杀他是有理由的。他有应杀的罪状，便是他是一个学生。那敌兵杀一个人，并不在意，把后来抓住的两个人放了，又很自在地在闹群中溜达，把目光放到那些地摊上和他心目中认为腰间有钱的人身上，随意地去搜求他欲得之物。那些向四边跑的人，都跑几步又回头看一看，见那敌兵刺刀已插入鞘里和那指手画脚的情形，又见他把抓住的两个人放了，也明白了他的意思的一半，知道他不是逢人便杀，那些摆摊的居然就回头又去守住他们的地摊，那些要买东西的也居然都回头又去买东西。大约那些摆摊的，都是立等着要钱用，那些买东西的，都是立等着买回去做饭吃，本来生活是一天也不能间断的呀！再则他们或许早已存了一个至多是一死的念头，所以在人群中明明放着一个凶手，却硬着头皮依然做买卖，而一个被杀而尚未死透的人躺在路上，竟会有许多人在他身边走来走去，倘使把文明世界的眼光——不须，便是非洲食人蛮族，只要不当他们在战斗时候的眼光——看见了这个景象，一定以为那个凶手和这些人都疯了，都心神丧失了，然而这是南京难民区一件的的确确的事实，并且何止一件。诸位不要怪那些难民，倘使因为路上杀了一个人便散了市，那么，南京难民区便不能再有市，只可家家关起门来，把存粮吃完了饿死，因为在南京难民区，杀人的事，是随时随地会发生的。诸位也不要疑心南京难民的心是麻木了，心死了。并不，他们只是练成了一个忍字。我在难民区住了九十四天，我便是一个难民。所以我对于难民的心理最是了解，他们非但没有心死，并且每一个难民和每一个难民都发生了无上的友谊，他们不用交谈，便能互相谅解，同生死共患难，他们的精诚团结是内在的，表面上看不出来，看见一个同胞的死，未必会哭泣，甚至面部也没有丝毫的表情，但是心却更练硬一些。孙总理宣传三民主义几十年，至今还有不了解的，而现在沦亡区难民们对于民族主义的认识，所了解的程度恐怕不是只在字面上或言论上做功夫的人所能懂得，他们已养成了内在的精诚团结的力量，又练成了这忍字的功夫，到机会来临的时候，我们且看他们会做出些什么事业。倘使你疑心他们已心死，那么，到那时候，你对于他们的作为，又要惊奇万分了。

（原载《警察向导》一九三八年第一、五期，一九三九年第七期，

原题《南京难民区九十四日记》）

屠仰慈：
最后退出南京的唯一高级将领 —— 叶肇将军

屠仰慈（1910—1969），原名屠乐真，浙江嵊石人。早年曾任中共杭州地委委员。后在屯溪安徽《中央日报》、上海《中央日报》、香港《星岛晨报》任职。1949 年后任北京工人报社经理。

　　这是意外，我得知了一个紧张、危险、悲壮，同时又令人感觉无限兴奋的故事。这样有意思的故事，在中国民族抗战史上诚然是不可多得的。"还是一个奇迹啊！"归途上，我不禁反复地这么想。

　　南京失陷那一天，城里还留着不少守军，四面全被日军包围了，于是他们不能不拼着性命，杀出重围；结果据说被守军达到目的，安全地渡过长江，退往江北。当时，各地方的报纸都这么说，我们自然也深信不疑。谁知我在香港见到了那位亲身经历这场恶战，历尽许多艰苦才从日军包围之下逃出来的军长 —— 叶肇将军，知道最后一批人的退出南京，并不那么简单，也不那么"安全"，大多数士兵与长官，都在日人的炮火下悲壮地牺牲了，能够"安全"生还的不到十分之一。当时报纸上所载的新闻，恐怕并非真是最后撤退的那一批人，那一批为国家民族争最后一息生存的几千个壮士！

在一间布置得相当精致的房间里，我同几个朋友会见了这位最后退出南京的唯一高级将领——叶肇将军。他是粤军方面的一员勇将，这次到香港又到广州，他自己也有点不相信。

"在不多天前，我哪里想得到今天还能好好地活在世上，准备再和敌人拼命啊！"

他不禁又惊又喜地对着访问他的人说。

叶将军是个年纪不老，但是头发已经斑白了的人，从他言谈的朴质和举止的文雅上看过去，真不相信他是一个调兵遣将、身经百战的"赳赳武夫"。我们集居在一间屋子里，一边抽烟，一边就听他讲述退出南京的曲折故事，一边又提心吊胆地不时为他出冷汗。

据叶将军说，在南京未被日军包围之前，他就带三千个弟兄，驻守汤山防线。这条防线足足有四十多里长，三千个兵士，实在不够分配，再加日军的炮火非常猛烈，飞机又轰炸得日夜不停，这样单薄的兵力，实在抵挡不住日军的进攻，不论白天或晚上，常常有下级军官跑来对他说："军长，我们的兵力太单薄了，实在守不住战壕了啊！"

其实叶将军何尝不晓得自己力量的单薄呢！但是他知道力量单薄也得拼，敌人要占领南京，总得向他们讨回一笔相当的代价，庄严的首都，难道可以白白给人占领吗？何况上级的命令又是那么严厉，当常要他们对于哪一据点，必须死守到某日某时，哪一个山峰，死守到某日某时，在这样重要的命令下，叶将军明知力量太单薄，也是无可奈何，所以只能这样回答他的部下："你们率领着弟兄们拼命去好了，弟兄们牺牲完了，我姓叶的不死，就算没有人格！"

这样，他的部下都很兴奋、很勇敢地乐于就死，往往一两团人从战壕里退下来，只剩一两个连排长、七八个弟兄。

十二月十日，叶肇将军率领他的部下，退到城里去休息，但到十二日的下午两点钟，雨花台被日军占领了。这时对南京城不啻是个致命的打击，纵然想死守也无从守起了。就在这时候，唐生智将军接到命令，要死守南京的队伍完全撤退，叶将军接到唐的命令，已经是当天下午五点钟，他便立即召集他的部下会议，最后决定：以团为单位，不管如何困难，也要突破重围，各走各的路，到安徽某地集合。

会议散了，天空已经黑暗得可怕，猛烈的北风在空中怒吼，刮到身上来像刀割一样疼痛。整个的南京，已沉没在黑暗的深渊里。因为叶将军是军长，是他们的最高将领，所以他不能不亲自率领一团人先打头阵。他们撤除了城门口的障碍物，在黑暗里冲出太平门，走不多远，就和敌人猛烈地接触了。叶将军一边指挥战争，一边率领一批人马继续前进，想不到前面路上横满了炮车，是日军用来堵塞他们的去路的。叶将军一转瞬间，就第一个翻上炮车，爬了过去，于是跟在后面的士兵，也一个一个爬过车去。但是，受了这么一个阻碍，一团人死的死了，伤的伤了，被打散的打散了，叶将军自己，也跌伤了左足。跟在他背后的弟兄，数数不满二十个，而且一半还是受伤的。然而，在这时候除了忍着一切创痛拼命向前还有什么办法呢？所以他们依旧曲曲折折朝前跑，走了好一阵，才到汤山附近的空山。这时候，天上已经发白，凛冽的北风刮得更紧。

不消说，他们的周围已经全是日军的世界，天一亮，就难免被日军发现，那时候才无法对付了。于是叶将军便带领十多个弟兄，在山下找一个有茅屋的小土坑躲下，看看空山顶上已有日军，他便叫弟兄们伏在坑底，自己冒险爬出来走到对面那座山上，看看有没有可以掩藏的地方。

不料一离开空山，他就给几个便衣队发现了，他只好飞快地奔跑，哪知道对面一条大路上又有十多个日军经过，幸而他们不曾看见，所以叶将军能跑进一个松林。

在松林里，叶将军以为这个地方总不会再遇见敌人了。哪知正在这么想，远远地出来了两个人，提高着嗓子对他喊道："老乡，哪里去？"

他知道这一定是"伪满"军，便不睬他们，只顾向前跑，那几个伪军也并不追赶。

走了一阵，快要穿出松林，看见对面有着战壕，战壕边还有三四匹敌马。于是他换一个方向跑到荒田里，又走好一程，发觉左右都有敌人，并且还有几个敌军官在那里指手划脚。他想这两边都不好走，只有往前冲，可是天啊，前面横着一条河，哪里有可走的道路呢！

想了一想，叶将军咬紧牙齿，拼死渡过河去。河是给他渡过了，但是身上的衣服，湿得快要结冰了。他忍着忍着，但终于受不住刮骨的寒风，瑟瑟发抖了。

前面没有出路，也没有可以躲藏的地方，他便打算回空山，因为那里还伏着十多个弟兄。走了许久，空山已在眼前了，但看见空山顶上有两个举枪将射的人，他才不得不回头就跑，将十多个生死与共的弟兄，丢下在那个小坑里了。

跑了半天，又饿又冷，加以一夜不曾合眼，精神疲乏得再也不能支持，叶将军便来到一个松林，躲了进去，在那里脱开衣服，晒一晒太阳。可是，太阳不曾晒暖衣服和身子，又有二十多个敌人赶来了，他便爬起身来就逃，转过方向，到了东流镇。

时候已近黄昏，受过炮火的洗礼的东流镇，自然满地瓦砾，满目凄凉。居民早已逃完了，好不容易在镇外一间破屋里碰到一个人，那个人很慌张地对他说："你不要在这里，快些逃命，快些逃命！"

叶将军自然只好答应，但口渴得要命，便向那个人讨开水喝。那人答应了给他在灶里烧开水，他也烧燃一堆柴火，烤烤自己身上的湿衣服。但是随即又来一个人要他赶快逃走，他才等不到衣服烘干，喝了两碗开水离开了东流镇。

可怕的黑夜，又笼罩了大地，叶将军一个人在无边的黑暗里摸索着，脚下高低不平，一步一跌地怪难走，身上又包满冷风，全身的肌肉都冻得麻木了。他实在想不出到底走到哪里，只有再回到空山，在一间茅屋里躺下了。

第二天，他知四面都是敌人，很不容易逃出去，只好暂躲在这间茅屋里。但又怕敌人到来搜索，便将屋子里的破家具搬动了一下，爬在床主的床底下。躲到下午，这间茅屋的主人忽然回来了，他们是一夫一妻，似乎早晓得昨天晚上家里来了一个避难的人，所以男的跑进屋子就对女的说：

"走了？"

"还没走吧，你看床底下的东西都搬开了！"到底女人比男人细心。但是他们依然很镇静，管自又走了。这样，叶将军就在那个底下过了一夜。

第三天早晨，他想再不能躲在这里了，便不声不响到外边去看看动静，恰巧碰到几个受了伤的中国兵士问路，他指示了方向，还是回进茅屋。这是十二月十五日的上午，离南京陷落已有两天了。

在茅屋里躲了一回，忽然来了几个凶狠狠的壮年人，他们似乎做了什么工回来。叶将军恐怕他们不是善类，不等他们进门就闯出去跑了。哪晓得这一闯反把这几个人骇得四散飞奔，于是他断定这些人身上不会有凶器，也不一定会害他，便赶紧上去招呼他们回来，给他们一点钱，告诉他们：

"我是从南京逃出来的，现在没处走了，希望你们能够容我在这里住一下。"

但是他们不答应，拿出一碗锅巴泡饭来给他吃，并且告诉他：

"你还是快些逃的好，逃到东流那面去！"

叶将军喝了一点锅巴汤，才无可奈何地离开了这间茅屋，再向东流去。

一路上，他冒着冷风，踏着人畜的尸体和瓦砾，看着被火烧毁的农家，心酸得不住流泪。虽然太阳照着大地，但是叶将军并不觉得有丝毫暖意。

还不到东流镇，他实在饿得不能动弹，便走进一个老太婆的家里，给她一些钱，要点水喝。那老太婆答应去烧开水，叶将军看见地上堆着一些冻坏了的山芋，便拿几个到灶肚里去煨一煨，啃吃一点山芋的皮。

休息一会，他又离开那个老太婆，哪知走不上半里路，就给一小队日军抓着了。他们先搜查他的身子，把他所有的钱都搜了去，然后把子弹袋一个一个卸下来套在他的身上，要他背着走。他想这一下是不好了，便指着脚上的伤痕对日军表示走不动，那几个日军就狠狠地用枪柄敲了他几下，还是逼他走，并且要他快走。当然，他怎么能够快步走呢，于是一步一步向前挨，背上的枪柄像雨点一般下来。

走不上多少路，前面来了一对男女，带着三个小孩，当然他们都是逃难的人。日军看见了那个男人，上前去把他捉来代替了叶将军，那男人不肯，女人和孩子哭叫得十分伤心。然而有什么办法呢，那男人终于被代替了叶将军，叶将军就上前去安慰那个女人，并且要三个孩子叫他父亲，一同向前逃。但是，走了一阵，又遇见了敌人，叶将军没法，只好丢下她们一个人跑开了。

独自一人走在漫无边际的荒途上，四野里没有人声，也没有鸡啼与犬吠，叶将军真像一匹迷途在荒漠里的羔羊。他走着走着，忽然遇见一个和尚，于是便问那和尚前面有什么路好走。和尚告诉他再过去有条公路，从那公路上便可走到拜经台。叶将军依照和尚的指示，跑到了拜经台的山腰上。

在一个疏疏落落的树木里，他实在再没有力气可以挣扎了，于是躺在地上，闭着眼睛等待死的来临。足足睡了一天两晚，到第三天早晨（十二月十七日）醒来，肚子饿得使他两眼发昏，脚痛得不能移动，他想死是免不了的！但是，他立刻又想："我为什么就这样白白地死去呢？我要活，我要活下去，还有我的任务呢！"想到这里，精神振作了不少，便勉强爬了起来，想想上山去不行，还是下山去讨点饭来吃吃吧。

山脚下，叶将军遇到一个姓夏的农人，他要求那农人留他住几天，但是那农人不答应，给他吃了一碗半稀饭，便劝他赶快离开，还是向宝华山那方面去。叶将军才又向他讨了两把蚕豆，预备在路上充饥，那农夫就很慷慨地送了他两大把，还给他许多生的和熟的山芋。

夜色朦胧，北风刮得更加厉害，天上又下起大雪来了。叶将军一个人在荒野里匆匆奔走，忽然有一群乡人拿了标枪一类的武器，向他赶来。他想这一下总是不能活命了，索性站定脚跟，大胆地向他们说明了自己的来历。这么着，那群乡人就放过了他，管自走了。他也恐怕走漏风声，便冒着漫天大雪，踏着寒冷泥泞的道路，胡乱地向前奔。

"现在总不会有什么希望了！"

叶将军一边走，一边这么想，但是他还要死中求生，所以不停留地翻过三个山岭，天已亮了，宝华山也给他走到了。

路上，又碰到一队日军。但是叶将军这次已经不再奔逃，横竖免不掉一个死，自然也不问日军不日军了。幸而日军在不远的地方转了弯，他才走进宝华山下的一个小林。在那里，碰到他的部属——一个姓梁的团长，和团部的一个军需，于是他们三个人渡过长江到镇江，再想从镇江渡江到瓜州。

可是到瓜州已经没有渡船，幸亏那个渡他们到镇江的船夫，替他们设法在镇江住几天，才冒险坐船到丹阳，从丹阳渡江到南通，再乘船到上海，叶将军才算逃出了虎口。当他到达上海的那一天，已经是民国二十七年的一月十四日，离南京失陷已有一个月零两天了。

叶将军到了上海，原想在上海休息几天，可是他闹了两次笑话，便决心立即离沪南下了。原来他从南通来的船上起来，就雇人力车一直拉到先施公司，进先施买一点日用品。不料先施公司里的人看他衣衫这么褴褛，神色又极难看，挤在"都市人物"的堆里，东张张，西看看，也许不是好东西，竟有一个人跟在他背后监视，生怕他偷东西。他发觉自己已被别人疑为坏蛋，不觉又气又好笑地走了出来，跑到东亚去开房间。谁知东亚的茶房，看他这副模样，不准他乘电梯，他碰了这么两个钉子，便反身就跑，决定离开上海了。

到香港，叶将军原想住几天，可是广州和桂林都已得到叶将军脱险归来的消息，广州就派人来欢迎他回去，所以住了一晚，第二天就到广州去了。

（原载《上海人》一九三八年第一卷第七期，

原题《记最后退出南京的叶肇将军》）

第八编
流年碎影

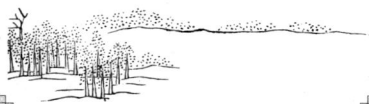

谢保康：
小火车穿过昔时乌衣巷

谢保康（生卒年不详），江苏江阴人。早年就读于沪江大学。曾任《人言》周刊特约撰稿人。曾翻译劳伦斯的《二十岁的女子》。

在京与阿弟共居一室，室辟为二，一卧室，一书室兼膳堂及会客之用也。室外有树有花草，颇适人，若常坐室中可以忘处身于名利争逐之地。邻近有宪兵队，天未明，便发号起身上操，一套歌声和训话叫声，扰人清梦。你如果是一个时代乐观者，倒可以闻鸡起舞，以兵当鸡，有何不可？惜我静夜喜坐灯下作幻想，不贪睡，天黎明，正好睡，虽鸡叫兵催，我不起也。居处又邻丁家桥，不时闻火车苟延残息声。小火车在新都会，柏油路汽车飞驰中，已成历史上过去之物。想当时端方造此铁道，原是好奇有趣，每与僚属游宴其中，丁家桥上一鱼翅，鼓楼上一燕菜，风情逸致。此时达官，飞机军舰，人事迁移，情致愈胜，端方居泉下有知，不知如何羡慕法也。

偶见女子有面熟者，一注视亦便忘去。大凡女子姣好者，皆具有姿色与媚态之妙，此种色与媚，实禀于天地之至灵，俱者不必尽肖，但能禀者则一。故一女子素不相识，审美之本能在我，见之如素谂，即此之故。归来欲思索此女子，从何处何人印象所得，昏昏，便醺然入梦，魂游之所至，如在乡间童时留恋处，如在海外山水清幽处，如与阿母读书，如与西洋女子谈情，如与印度士人谈人生观。及醒，追溯梦境，了不可得，即昨日所见女子如何容貌，亦不复记忆。此种境地，了无牵恋，既不拘束，又不著相，如证上乘法，游极乐国土，最为难得，幸读者体会得之。

阿弟在京供职有年，在薄俸的苦生活中，颇知居家节俭，已一洗当时共读《儒林外史》，中酸儒毒，欲效名士满不在乎派头，每购米一斗，即置一洋铁箱中，及夜入睡前，必启视一过，又如购物雇车，比我精明多矣。雇一女佣，安徽某县人，诚实可喜，出外购物，一文不苟，实则达官校长辈尚有沾润之好，此离乡背夫抛子之苦佣女，即对我等来一下小小竹杠，我等亦默受也。闲来辄对她下"智识测验"，如在电影院中便猜张妈可知替我等铺床，及打地铺；又如将晚饭，她可知将书桌前电灯移往饭桌前去也。每次测验，使人失望，但其人之诚与傻亦愈使人爱敬矣。

京中中山大路柏油平滑，但只许汽车风驰，而不许人力车奔走，因人力车另有两旁高低不平之石子路，则汽车风驰，有杀人之能，人力车奔走，有颠簸之苦。居京怕出门即为此，即汽车后面扬起的灰尘亦难受。在家闲坐，偶闻邻居小京官妻子，搭足官太太架子骂佣人婢子声难受。此外，如鸡鸣寺钟声，一带城垣柳色，和后湖的微风初月，便身如入昔时乌衣巷矣。

（原载《人间世》一九三五年第十九期，原题《京居随感》）

张恨水：
新住宅区不许有一家商店存在

张恨水（1895—1967），安徽潜山人。现代文学史上的"章回小说大家"，著有《啼笑因缘》《金粉世家》等。

金陵凡百事业，与日俱进。说者谓物质差备，已具现代都会雏形，再以十年之努力，其必占东亚大都会之一席，可无疑也。然金陵之为世重，固不始于今日。论文物则吴晋风流，六朝金粉；论形势则楚尾吴头，龙盘虎踞。第沧桑数劫，事境多隳耳。故建都不下十代，筑城远过千年，而旧日规模乃不能与燕京一较短长。古今诗人，石头城吊古，感慨弥多者，良有以欤？愚旧过白下，将及十次，今居京华，亦已两年，耳目所及，前后恍然隔世。因知昔曾游南京者，苟不复临斯土，未必能信有今日物质进步之速。而今日观光南京，昔未曾一入下关者，又未必能想象当年之荒落情况也。因之拉杂见闻，共为十记。虽述新知间参旧迹，或亦可为游侣之小助，供凭吊吟咏于一得耳。

记繁盛区

至南京者，大抵多自城北来。或由和平门入，斜驰中央路而至鼓楼，转达中山北路。或自挹江门入，径由中山北路长驱而达新街口。但见大道荡荡，汽车碌碌于上，终日绵延不绝。由齐楼至新街口一段，嚣杂尤甚。行人欲越路而过，恒须驻足小立，徘徊左右顾，然后乘车马间断之小隙，急趋而前。此在我国，唯上海有此情景。

新街口为一圆式大广场，四大干路，交叉四方，于飞机上作鸟瞰，俨然一巨大之舵轮，平置地上。广场上花台树木，其似轮齿，而中央一巨大炸弹模型，其轴矣。广场四向，夷楼夹峙，钢骨水泥之建筑，触目皆是。七八层大厦，月有所增，犹方兴未艾。故预计三年之后，此间可与上海南京路抗衡矣。

二十年之前新街口，为塘坊桥与明瓦廊之衔接处，菜圃竹林，杂以草塘，有鹅卵石小路一条，纵行其间。道旁矮屋数椽，乱砖为垣，野树两三株，斜支草棚而出。尝偕友人游清凉山，经此往夫子庙。蹄声得得间，驴背上与友闲谈，挥鞭指道上曰：不信江左大城，中枢尚荒落如此？曾几何时，而乃或为车马喧腾之域。惜友人之墓木已拱，不及睹此盛事矣。

繁盛区最繁华之一线，则为太平路，南自门帘桥，北抵大行宫，巨肆夹道，市招如云。入夜则火光烛天，远及数里。星期日两旁便道上，行人踵接，自朝迄暮勿绝。行人丛中，十之二三为一武装健儿挟一丽姝而行。此不仅可以觇新都气象，亦可以知现代女性之风尚矣。

新街口广场之北，为中正路，路左仿北平市场制，建一商场曰中央，规模略似北平劝业场而小，精洁则过之。其间百货悉备，而故都商品，尤占多数，吃饽饽似正明斋，买玩具似松竹梅，而福生食堂、厚德福豫菜馆，且为北平支店。甚至废年应景之蜜供，中秋应景之兔儿令，亦可于此间购得。故北地南来之人，借此固可少慰相思，而未尝一莅北土者，亦得一尝异味焉。

繁盛区之商业，亦略有部分之差。大抵洋货绸缎，传备于花牌楼至太平路，酒食菜馆，罗列于大行宫至新街口。文具图书，独多于杨公井，而新街口东北角，划为银行区，崇楼巍峨，耸峙道旁者，皆金融界之新建筑也。顾银行亦有散在白下路、建康路者数家，此则以建筑在先未能迁移耳。

旅客有欲遍莅繁盛区者，则可自中山北路干河沿起南行。至广场折而东，历土街口至大行宫，复折而南，循太平路直下至建康路，回顾西向行，达中华路，则京国繁华，可一览无余矣。

记夫子庙

在昔民国初元时代，叶楚伧先有记白下诗云："终是六朝金粉地，南城萧鼓北城兵。"北城指下关，南城则夫子庙上，秦淮河畔也。吾人更读《桃花扇》灯舫夜游之曲，《板桥杂记》珠帘隔水之文，可见秦淮盛事，自古云然，非今为烈。客有至南京者，固必瞻陵园山林之美，然亦未有不慕秦淮粉黛之艳者。既作《白门杂记》，难付阙如，附庸风雅，聊叙数事，若谓导旅人于狭邪，则吾知罪矣。

夫子，圣人也。祀圣之地，虽俗称圣庙，然各地名称，恒曰学宫，兹直以夫子庙称之，则南京土著语耳，固已失其庄严矣。笔者奔走南北十余省，所阅学宫，当可百数，或则朱垣翠宇，壮丽凌云，或则古柏高轩，静穆如画，若白门历朝胜地，今日南京，而以喧嚣湫隘之居为圣地，固人所不及料。更以夫子所居，接邻琵琶门巷，几为温柔乡之代名词，尤近于不经，然事实固如此也。齐人归女乐，三日而夫子行。圣人在天之灵，未知何以处此，无已其以马氏绛帐笙歌解嘲乎？笔者为此，初亦甚涉疑阵。兹检阅图志，则知明有国子监，规模宏大，在鸡笼山之麓，清之中叶，数度毁于兵燹，寸椽不留，乃迁圣庙于朝天宫。秦淮河上夫子庙，盖江宁府学旧址耳。朝天宫今已改建古物陈列所。首都圣地，遂不得不屈居于此矣。

夫子庙为一摊贩市场，与上海邑庙、北平天桥，地位相等。江湖卖艺之流，市廛负荷之客，支棚为市，庞杂无序，虽夫子有教无类，当亦伧俗难近。幸中部数殿，近年辟为图书馆与小学，犹为夫子留一席干净地。客闻夫子庙之名而来，当废然思返。顾俗称夫子庙，实非指此市场，盖概括夫子庙东方秦淮北岸，十余处街巷而言也。客悟此，然后可言夫子庙。

庙上热闹处为贡院街，受夫子庙统称，而街名反不彰。茶楼酒肆，歌社鼓场，夹道相望，白昼差胜冷巷，略无异状，及华灯既上，丝竹争喧，买醉则车辆盈门，听歌而冠裳争道，升平之事，乃可想见。

油壁轻车，丝轮雪亮，驰逐人丛，其上所坐丽人，脂粉浓敷，乌云簇涌，蝉翼衫轻，肌肤微露，顾我而盈盈一盼，人去则空气皆芳，虽非素识，能不神移乎？故客到甚易勾留，歌场不难座满。

秦淮袭六朝之余荫，历代为莺花之薮。国都既奠，即严娼禁。然群莺乱飞，繁华尽谢。于是乐院乃代之以歌场，伎流亦化为歌女。名色虽非，流风犹在，秦淮盛事，差可保存歌场，固曰高尚娱乐，人尽可至。其间上布小台，下临群座。台上前列铜栏，后帏巨景。中横一案，覆以绣园。电炬百盏，周绕上下。背景亦列上下场门，列乐队于一角。绣帘轻启，艳装歌女，轮序而登。歌时，身距小案可尺许，正襟端立，任客平视。有时忍俊不禁回眸一顾，则满座哗然掌声四起。初非目挑眉语，而致人荡气回肠者，乃有甚焉。

一场之歌者，多则四五十人，少亦二三十人。故每人虽短歌数分钟，尽足销磨长夜。客至，无须购票，择案自坐，侍役即以茗碗进。茗有定价，每客仅二角五分耳。一盏在手，秀色饱餐，客虽至贫，当无所苦。顾听者多属醉翁，歌者遂鲜上选。若志在快耳官之娱，必宁避席。

歌女非旧日妓流可比，大半读书，识字，自由平等，尽能言之。故客或有倾心，不得视为玩物。则当张筵酒肆，具柬恭邀。来则主宾杂坐，须无差视。且樽箸不亲，小坐即去。初步交谊，悉淡泊若此。若欲计为深交，自多周旋，非本文所宜及。笔者乃告旅客勿习于艳闻，草率问津，徒增懊丧耳。

南京无夜市，十时而后，街上行人即稀。唯夫子庙上，销夜馆较多。馆中座位，悉作火车间状，一灯荧然，外张巨幕。间辟精室，亦地如斗大，不容徘徊。然夜游之神，趋之如鹜。盖笙歌既辍，众美各归。知己之士，飞笺召所爱来，帘幕深垂，乌履交错，把盏而絮语喁喁，接座则衣香习习。此中情况，未足为外人道。客有真欲销夜者，则孤掌难鸣，徒惹注目，幸勿擅入耳。此外有豆腐涝馆，兼卖油煎饼、莲子羹等物，亦都门特产。豆腐涝出锅半温，中加酱醋辣油，葱花菜丁，香辣可口。油煎饼以细粉所制，中加蛋汁，于沸油中煎成，故名。香脆松软，兼而有之。尝于听曲兴阑，食之辄饱。

夫子庙吃茶去，此为至南京者所习闻之言，亦为居南京者欲尝试之事，顾此与听歌相反，愈早则愈感有趣。大概早晨六时至八时，为最盛辰光。凡一茶社，楼上下设座百余席，均必告满。与三五友人，把臂入座。但见头颅攒动，笑语喧哗。频频往来于人丛中者，除茶博士而外，各种小贩陆续奔走，如行闹市。尝谓夫子庙茶馆，系一中下流社会市民展览会，则其所包藏者亦可知矣。

但各茶馆，亦自有其相当之顾客。如奇芳阁多长衫朋友，六朝居多工人，奎光阁多土著老叟。入境问俗，观于茶馆，可知各级社会之所好矣。

庙上酒肆，不下二三十所，味分南北，大都各树一帜，而客之作走马看花计者，则当择临河之所，如太平洋、六华春、老万全、老宝兴皆是也。此等酒肆，大都于最后一进，临水支阁，凭栏迎风，举杯邀月，亦复稍摒嚣杂，胸襟开朗。昔时娼禁未严，灯舫夕表，则鬓影钗光，哀丝豪竹，由游船次第经过，于此把盏看花，更属豪举。

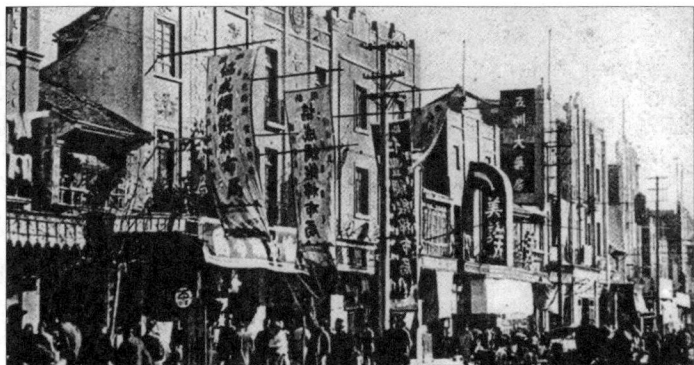

中华路　摄于 1945 年前

其流连忘返者，且陶然尽醉，不知东方之既白焉。

记新住宅区

民国四年，落拓过金陵，寓下关。有戚某，种菜于城内西北角之凤林寺山下，邀之过往，欲叙乡谊。风闻袁子才墓及随园遗址距此非遥，则慨然应诺，策蹇入城。由仪凤门达三牌楼，折而西南行，小径一道，曲折荒园野竹之间，时有小溪流水，萍藻参差，而茅屋二三，现隐现林表，则俨然乡井风味，不复知身入名城矣。今其地崇楼大厦，望衡对宇，大道康庄，轻车四达，客有初临此地者，辄疑身入上海西区，无复古城遗迹也。此即新住宅区是。

该地在中山北路之西偏，原分四区。以他故，仅辟其二。两区南北相接，外画宽衢，披览全图，为一锐角三角形。区之北端，以颐和路为中心，支路丛出，夹道建屋。市有定规，至多以地基百分之六十建室，故沿路人家院宇宽阔，草木杂植，不如他处窄狭简陋可比。筑屋者什九为富人，则亦钩心斗角，出奇制胜。虽其中均为西式，然或拟为城堡，或拟为宫殿，楼不并齐，屋不同样，尚错落有致，壮丽美观。其有以鸽笼为生活者，固不无望洋兴叹之感也。

新住宅区，既悉为住宅，乃不许有一商店存在。且该地偏处城西，向距闹市遥远。于是鱼盐柴米之所需，不得不求之于数里之外。甚至纸烟火柴，平常有井水处可得之者，此亦须越数街始得之。故卜居新住宅区者，必有如下之条件，有汽车，有庖人，有能骑自行车之健仆，至家必置一电话，犹毋待之论焉。

新住宅区境界未齐，路复多出，而地名由于初创，更非市人所习闻。故初至该处访友者，往往曲折徘徊，如入八阵图，如坠五里雾。至其间主人，亦多为高级公务员，朝出暮归，门可罗雀。非得遇警察，且亦问路之无由。此初至首都旅客，所不能不知也。

是区路途宽阔，行人稀少，虽白昼经过，犹静穆无哗。除二三十字街头，有少数人力车停驻外，无车可呼。故风雨之夕，虽住户犹感不便，更无论来客矣。尝于晚间饮于北平路友人家，酒阑灯灺，客亦微醺，起谢主人，踉跄上道。时白月在天，人影倒地，清风徐来，微有花香。精神朦胧之间，循路斜行，未辨南北。道经一处，则见树木葱笼，粉墙微曲。其内有灯楼，茜窗微启，笼以绛纱，光映暗空，都带醉色。时有钢琴叮咚之声，疾徐中节，由窗内传出。复有娇脆之音，歌银幕上《璇宫艳史》之曲。醉眼朦胧之人，宁不陶然。驻足静听，忘时久暂。及省悟当速归，拔步便行。不数武，忽入荒野，青林笼雾，蔓草阻途，路愈行而愈歧，竟跌入两三古冢中。观此，则新住宅区之演变，可推想矣。

记城北

南京旧俗，划全为城南北。大抵在四象桥以南者曰城南，四象桥以北者曰城北。今则习俗稍变，越过中山东路，始为城北矣。

然仔细玩味，城北地域广大，俗所谓城北，犹未尝泛指，大抵谓鼓楼附近耳。若丁家桥（今中央党部所在）三牌楼，昔有专名。更北，虽不出城，人几乎以下关目之。

昔日下关未辟商埠，商运集合于聚宝（今中华门）、水西两门，市场拥聚城南。鼓楼左右，只见山岗起伏之间，园圃相望。虽有人家，亦复如四郊村镇，荒凉寂寞，了无生气。一九二七年以后，城南距舟车之运既远，而屋宇阴暗卑狭，不合新朝贵达之脾胃，稍有资者，均争向城北广场经营一席之地。且城南街巷簇拥，一切新建筑，无可发展，亦一一设于城北。于是俗所谓南城热闹北城荒者，今日恰好倒置矣。

昔中山北路虽辟，而夹道田园，无市可设。于是自鼓楼西南行，经唱经楼、鱼市街而达北门桥，供求相应，商肆麇集，银行公司，争设支店，市面繁荣，几与太平路争一日短长。顾此处未拓宽大之马路，而中山北路之建筑，且日新月异，遂复见衰落。唯鱼市街一段，尚具太平路雏型。今又辟北平桥商场，较之中央商场，具体而微，当尚不至如门东、门西诸旧街一蹶不振也。

城北各普通住宅区，房屋夹杂，活画出中国一般新旧矛盾之现象。穷街冷巷之间，或见柏油路一段贯穿而过，或见夹楼数叠，突出于鱼鳞隐隐之屋瓦上。听市民语言，北胡南越，三秦两粤，无不备具，虽偶闻南京土语，不复信其为当地主人翁。笔者住唱经楼畔之新安里，周广百亩，楼屋悉为上海西区之弄堂式，结邻十户，虽籍贯各异，而八户来自旧都。对过小楼二三十户，大半粤人。越一小广场为宁兴里，则居民语言尤杂，且有碧眼黄发之人，虽终日不

330

闻一作南京语者可也。南京居民，旧本不及二十万，一向度其适常一贯之生活，大半幽闲（如机房后人，候补官吏后人）。一旦新都市之怒涛涌起，百物腾贵，已非所堪。而人口激增，在在呈喧宾夺主之势。于是此辈非以房产谋得善价，迁居不失南京风味之门东、门西，即幞被出都，各作乡居。于是南京人愈少于外来人，而南京语不复如上海北平语，能同化不远千里而来之众客矣。

北门桥之北门二字，于义费解。或以为宋元旧城，止于桥南，今之城北，盖郊外矣。今城更北圈，依玄武湖而达下关。襟山带湖，形势险要。登鸡笼山之颠，左瞩钟山，娇娆天半，俯瞰后湖，巨镜天开。五洲如凫泛螺浮，风景绝佳。西偏有寺曰北极阁，凭栏远视，隐约可见长江一角，今则复朱明旧制，改为中央研究院气象台。东偏为鸡鸣寺，传为六朝名胜，由南唐之涵虚阁改建。寺依山凭城，建有敞轩，题曰豁蒙楼。依栏小坐，把盏临风，则湖光山色，悉在几榻间。一载以前，为城北游览胜区，今则谢绝登临之牌，立于道首。游人行经鼓楼东偏者，但见隆然一峰，突起城角，林木森森之间，微露亭阁，残霞落照之时，幽丽如画。

（原载《旅行杂志》一九三七年第十一卷第八期，原题《白门十记（上）》）

楪　子：
明陵红墙上，樱花如雪浪

讲述人生平不详。

南京真足恋念，紫金山峙于东，宝石山绕于南，幕府山伏于北，清凉山踞于西，挹江门外有扬子江，玄武门外有玄武湖，汉西门外有莫愁湖，贯通城区有秦淮河。山姿水貌，千形百态。热中见冷，寒处得暖。此中一梦，为时三载。今日遥想，能无恋念哉？

当年步明故宫遗址，荒草拥残壁，夕阳映废基，霞天红于远，归鸦掠于上，徘徊顾视其间，俯仰感慨之不能自已者，思之近如昨日。

尝与友夜聚清凉山上扫叶楼，秉烛而谈。风来灭烛，楼外无月，情景幽深。某君倡言谈鬼，力求怪诞；人各为说，毛发悚然。次日，有人记之于报曰："昨夜扫叶楼头，有七人灭烛谈鬼。"今七人东南西北，各不知其所在矣。

莫愁湖莲花衰落之日，茗坐水阁。剥食新鲜莲子，投壳入水，莲梗间幼鱼泳集，争来撞啄，初不知为余所欺也。

春日微雨，冒雨出中山门，步行到明孝陵，坐飨堂用银叉吃茶叶蛋。樱花盛放，将到时望明陵一抹红墙之上，樱花丛堆密聚，如雪浪银波，迷濛中意趣俊绝。

玄武湖之晚，落日衔于城墙之齿，横墙如恶龙，圆日如血球，势若张口而吞。京沪火车怒喷烟雾，急驶经对湖之岸，望去如孩子们之玩具，在青绿丛中，瞥然而逝。

清晨到和平门车站送客。旭日初升，林木染夜露犹如油。铁道前曲折坡道，乡人驱驴载薪，或担薪于肩，疏密相续如线而来。好一幅清妙图画也。

二十六年六月，内桥埭中华大戏院出演蹦蹦戏，演悲剧号啕长啼，涕泪纵横，观众趋如不及。七月，韩世昌、白云生昆弋剧团出演于姚家巷南京大戏院。一日，观韩之《刺虎》、白之《哭像》，座客寥若晨星，时北地烽烟起矣！

白鹭洲地僻境冷，夏日携一卷书，坐水阁，看柳下闲人垂钓，看堤上行人缓步，听水畔蹲妇捣衣声，随意翻书，意不专于书。一种清闲幽静之趣，使胸怀如受洗涤。

贡院街上夜来霓虹灯光红绿争耀，笙歌叫嚣之声如沸，酒肉脂粉之气欲溢。此处也是人间，而临之辄忘人间是何世界。

坐马车游燕子矶去，中途疲马倔强不行。驭者跃下，折路边树枝，猛抽马腿。枝折，马腿毛落皮裂，始负痛跃而奔。此马当日已老，不知今日犹能挽车否？

寒冬雪霁，路积坚冰，深夜游秦淮返，自城南走城北。冷风削面，冰泥绊脚，踉跄独步，如方行向一无极深幽之境。而秦淮景趣之余声余影，犹依稀在目，未尝灭绝。冷热两番境界，一时同尝。

燕子矶神仙洞顶有老祖洞，有人题联其上，下联曰："倚剑立悬崖高处，看江山犹昔，不禁思古发遥情。"而御碑亭中清帝题诗，则有"却喜涨沙成绿野，烟波耕凿久相安"之句。景物观感，常亦因人而异耳。

登鸡鸣山游鸡鸣寺，出寺后门走后山疏林。林间一人担而来，知是卖油豆腐线粉者。及近，问可购食否？其人停担于树下路畔，取柴加于灶，取火筒吹火。烟侵其目，皱眉侧颈而避。余曰："做此小生意，倒费大手脚，殊不合算。"担者曰："做生意不是这么说法的。"问其："何翻山而来？"其人指山下曰："我家在那边。"视之，山上一间矮屋，门前几株绿树，树下一狗伏憩，复有数鸡正啄地觅食。与语曰："您住处倒清净，只是每日翻山往返，肩步太劳耳。"答曰："要吃饭，这就说不得了。"余食罢，观其以肩承担，出疏林，上前山，片刻，没于林外山下，不可见。

城南多深巷，巷内多深屋。冬日访友深屋之深处，小室如斗，宁静无喧。用矮脚炭盆，燃炭取暖。隔盆相对，笑谈无忌，辄不觉夜之渐深也。

玄武湖荷花盛放，傍晚坐小舟，远入荷丛，在芬芳水国，到处沾惹。忽然一阵大雨，花叶霎时鼓噪，则如荷花娘子军一齐娇嗔怒叱，同驱恶客。虽然衣帽淋漓，偶然逢此佳趣，亦何憾乎？

（原载《春秋》一九四四年第一卷第五期，原题《金陵梦屑》）

白门客：
新街口摊贩市场比上海外滩的还要热闹

讲述人生平不详。

立秋以后的十几天内，南京最低的温度是九十五华氏度，最高的温度是一百十五华氏度，即在午夜，室内的温亦达百度左右，整个石头城始终处于热浪的威胁之下。

南京的气候平均要比上海高二十度至三十度，京沪相距不过千里，而气候悬殊如此，确非始料所及。

南京有冷气设备的影戏院，只有大华和新都两家，购票者争先恐后，拥挤异常。每场被摒诸戏院大门外的观众至少在千人以上，秩序比京沪线的三等车还要坏上十倍。

新街口的摊贩市场比上海外滩的摊贩市场还要热闹。摊贩中以卖香皂、牙膏、牙刷、毛巾等百货者为多，卖皮鞋者次之，卖信纸信封者再次之。

摊头上的皮鞋一部分是广州货，一部分是汉口货。广州货的皮鞋每双价七八万元，汉口货的皮鞋每双为九万五千元。鞋底是透明橡皮底，价廉物美，至少比商店的皮鞋便宜一半，故公教人员无不人足一双。

从新街口到玄武门三轮车是八千元，人力车是六千元，马车是每人两千五百元。

夕阳西下时逛白鹭洲有相当诗意。下午八时至十一时，逛玄武湖颇有飘飘欲仙之感。

中央社社址不敷应用，准备新建大厦，据说预算为两百亿元。

（原载《新上海》一九四七年第八十一期，原题《首都的风景线》）

卢冀野：
过去的南京如朴素的村姑

讲述人生平同前。

　　你要知道二十年以前南京的情形么？听我告诉你：那时的南京，好比是一个粗头乱服的村姑，自有她一种朴素的美。可以概括地说：南京虽是一座都城，然而极富有野趣。

　　到了这春秋佳日，游观之所并不比现在少。远的如栖霞、牛首且不说，只说城区与附郭的湖山。在内桥以北，本上元县属；内桥以南，就是江宁县属。入民国以后上元已取消，全城的中心移在鼓楼。由鼓楼到下关，下八是八里，由鼓楼到聚宝门（就是现在的中华门），上七是七里，这七八一十五里是由南到北的道路。在北路的风物，鼓楼现在已改了样子，北极阁老早拆掉了，一带白粉墙，一座方形的塔，留在记忆中的还是那么好看。十庙虽然已渐渐摧颓，但还可以踪迹。后湖，一个苍苍莽莽的后湖，现在已修饰得很整齐。当日在丰润门外的，那一个后湖仿佛已不复见了。小火车从中正街经过南洋劝业场（现在三牌楼小门口一带），有多少竹林。在挹江门没有开辟以前，那古老的仪凤门是入城必经的门户。西边如汉西门内龙蟠里，有盋山、清凉山，上面还有南唐后主避暑宫翠微亭遗址。就是那靠近诸葛武侯驻马坡的乌龙潭，一如圆镜，水中央一个肥月亭，的确令游人有"何必西湖"之感。那幽静的扫叶楼，龚半千遁隐之地，闲来品茗，比起杭州的虎跑来未尝少让。水西门外的莫愁湖、华严庵、胜棋楼、曾公阁；环湖的杨柳，水上浮几个白鹅，在夕阳当中，树下还系着游艇，那种风光与后湖各擅其胜。东边便要说到钟山，半山寺、谢公墩那时游人还不少；尤其在往皇城道中看一看古物保存所。在大中桥下半边街的那座第一公园，虽无丘壑，也还可以供人游览。至于南城，城内的娄湖头赤石矶，上面有周处祠。东花园还有一个白鹭洲。城外当然首数雨花台，经过长干桥，凭吊三圣祠，由楳岗谒方正学祠、永宁寺、第二泉、高座寺、梅颐祠，完全不是后来的光景。门西鸣羊街的愚园曾擅一时之名，现已成废圃了。

那时南京的街道，有的是石板路，有的是石子路，虽然只有一个小小的"马路工程处"，但是路政并不见得比目前差。最令我失望的有多少好的街名，被后来的无知俗吏随便更改了。就以现在中华路来说：内桥是南唐大内所在，三山街在明初多么著名，大功坊为纪念明代开国功臣而设，极富有民族意义，现在不幸统被改掉了！用南京所有的旧名称来做路名，真是无意义的事！那时桥上的房子没有拆，每一座桥都有一种著名食品，例如内桥金钰兴的鸡丝面，南门里桥的蒋顺兴炸紫盖肉，外桥马祥兴的美人肝，新桥三泉楼烧饼店之类，"逢桥必有吃"，现在因为拆屋，而这些食品都已减色了。

南京市在经济所遭遇最大的打击，便是缎业的失败；因为东四省的失陷，缎子的销场丧失，于是南京的机户靠缎业吃饭的，一时都成了饥民了。在二十年前，南京的士大夫们，头戴缎制小帽，身穿缎制马褂，摹本缎长袍，足穿缎鞋。"一个南京人，全身都是缎。"现在早已找不到一点缎屑了。最后，我还要提一提夫子庙。朋友，想来这夫子庙的大名，你是知道的。你现在假若要去专访夫子庙，那你一定失望！夫子庙就是一个缩型的南京，这里就是显明的沧桑！贡院一点遗留的痕迹已没有，泮宫也成了断壁颓垣。八九年沦陷期间的恶相，至今在那里保存着。我看了伤心，憎恶，也痛恨！

朋友，这村姑朴素的美已丧失了，又还没有作成时代的妆束。东边一个疤，西边一块脂粉，不知道你看得顺眼不顺眼。唉！二十年就这样地过去了呀！

（原载《南京市政府公报》一九四七年第三卷第八期，

原题《朴素的村姑——过去南京的怀恋》）

李寿龄：
在这烽火漫天的时候，一九四九年的春天悄然来到

讲述人曾是南京市立师范学校国文科学生，具体事迹不详。

"和平"问题，依然在政治的低气压下窒息，春天的消息，却悄悄地到了南京。哦！南京，多动人的名字啊！

春天，这又是多么令人陶醉的季节！现在，是春天了；"南京之春"该是多少人们在心向往之。是的，孙中山先生，他曾经这样说过："南京是世界上最理想的首都，它有高山，有深水，有平原……"别的，我们都不去说它，单就孙先生所称道的三点来看，"南京之春"也就着实叫人神往了。

不是么？假如没有障碍物挡着你的视线的话，你可以在城内城外任何一个地方，抬头看见巍峨的紫金山，披着绿油油的外衣，高高地耸立在你的面前，像在告诉你"春到人间"了。假如你兴致浓，你更可以约上几位密友，任意到牛首山、燕子矶、清凉山、狮子山、幕府山、北极阁、鸡鸣寺、雨花台等地区遨游一趟，借此舒畅舒畅

胸襟。

此外，像玄武湖、莫愁湖也都不差；尤其是玄武湖上，春水初涨，一阵微风拂过，湖水清波荡漾，旁边的垂柳，舞姿婆婆，将使你陶醉在春神的怀抱里。至于莫愁湖，虽不及玄武湖引人入胜，但它的历史却不可否认要比玄武湖来得悠久，颇足供人凭吊。更有可观者，城之北郊，浩浩长江，东至上海，西至武汉，每当春季，春潮澎湃，白浪滔天，江轮往返如织，不觉使人油然起一种伟大之感。

以上种种，只不过是一些自然的景象，正如宋诗中所说的"春到人间草木知"罢了。现在我们不妨换一个角度来看"南京之春"，假如是一个晴朗的天气，你偶然到街上去逛逛，尤其是新街口、三山街、夫子庙一带。你一定会意识到"南京之春"的确"别有一番滋味在心头"。那就是光滑的柏油路上都照射着橙黄色的阳光，两旁行人道上的法国梧桐也已在初试新装，许多大商店的门前，五花八门的广告上都标起"春季大减价"字样，借以吸引顾客，还有那少男少女们的身上都换上了春装，双双对对，来往于行人道上，翩然如蝴蝶之飞舞。啊！春神呀！你多么伟大！在这烽火漫天的时候，战火烧遍了长江北岸，你却给南京的人们带来了温暖，南京的人们将如何感谢你呢？

作于一九四九年春

（原题《南京之春》）